सारंग उपाध्याय

युवा पत्रकार और लेखक सारंग उपाध्याय का जन्म 9 जनवरी, 1984 को भुसावल, महाराष्ट्र में हुआ। जड़ें मध्य प्रदेश के हरदा जिले में। इन्दौर यूनिवर्सिटी से उच्च शिक्षा मिली। बीते 15 सालों से इन्दौर, मुम्बई, नागपुर, औरंगाबाद, भोपाल और दिल्ली में पत्रकारिता की। वर्तमान में 'अमर उजाला' दिल्ली में कार्यरत हैं। सामाजिक, सांस्कृतिक, राजनीतिक और समसामयिक मुद्दों के लेखन में लगातार सक्रिय सारंग सिनेमा में विशेष रुचि रखते हैं। डॉ. राममनोहर लोहिया के साथी बालकृष्ण गुप्त के आलेखों पर केन्द्रित उनकी एक किताब 'हाशिये पर दुनिया' 2013 में प्रकाशित है। 'सलाम बॉम्बे व्हाया वर्सोवा डोंगरी' उनका पहला उपन्यास है। कहानियों के लिए उन्हें 2018 में म.प्र. हिन्दी साहित्य सम्मेलन के 'पुनर्नवा पुरस्कार' से पुरस्कृत किया गया है।

ई-मेल : sonu.upadhyay@gmail.com

सलाम बॉम्बे व्हाया वर्सोवा डोंगरी

सारंग उपाध्याय

राजकमल पेपरबैक्स

राजकमल पेपरबैक्स में
पहला संस्करण : 2023

राजकमल पेपरबैक्स : उत्कृष्ट साहित्य के जनसुलभ संस्करण

राजकमल प्रकाशन प्रा.लि.
1-बी, नेताजी सुभाष मार्ग, दरियागंज
नई दिल्ली-110 002
द्वारा प्रकाशित

शाखाएँ : अशोक राजपथ, साइंस कॉलेज के सामने, पटना-800 006
पहली मंज़िल, दरबारी बिल्डिंग, महात्मा गांधी मार्ग, प्रयागराज-211 001

वेबसाइट : www.rajkamalprakashan.com
ई-मेल : info@rajkamalprakashan.com

विकास कंप्यूटर एंड प्रिंटर्स
ट्रॉनिका सिटी-201 102
द्वारा मुद्रित

मूल्य : ₹250

SALAAM BOMBAY VIA VERSOVA DONGRI
Novel by Sarang Upadhyay

ISBN : 978-81-19028-53-5

विधान और मेघन के लिए

जीने की इच्छा के नाम एक सलाम

साहित्य में जगहों को भी चरित्रों जैसा मान मिलता है। जगहों के कारण भाषा में एक आंचलिक पुट आता है। हिन्दी साहित्य में आम तौर पर हिन्दी पट्टी की आंचलिकताएँ स्थान पाती रही हैं। उन जगहों की बोली-बानी का स्वाद, जहाँ से लेखक का विशेष सम्बन्ध रहा हो। किसी के यहाँ अवधी का स्वाद है, तो किसी के यहाँ भोजपुरी, मैथिली का। गैर-हिन्दी भाषी क्षेत्रों की आंचलिकता से प्रभावित भाषा का प्रयोग हिन्दी साहित्य में कम ही देखने को मिलता है। इसमें भी खासकर, मुम्बइया हिन्दी का प्रयोग और कम है। हिन्दी के कई लेखकों ने अपने जीवन का एक हिस्सा मुम्बई में गुजारा, मुम्बई ने उनके कथानक में जगह भी बनाई, लेकिन उनमें से कम ने ही मुम्बइया बोली के उस वैभव को पकड़ने की कोशिश की, जिसे कुछ हिन्दी फिल्मों ने बेहद कामयाबी के साथ पकड़ा

है। इसके कई कारण हो सकते हैं। मुम्बई में रहने वाले हिन्दी लेखकों का अपना एक गाँव, एक मुलुक होता है और कई बार वह स्मृति के आधार पर उसी गाँव-मुलुक की कहानियाँ लिखते हैं। एक यह भी कारण होगा। कुछ का मानना है कि मुम्बइया तड़का हिन्दी में आंचलिक सुन्दरता दिखाने के बजाय उसका एक विकृत रूप अधिक दिखाता है। कुछ कहते हैं कि हिन्दी फिल्मों ने मुम्बइया का इतना अधिक प्रयोग कर दिया है कि जब कोई लेखक अपनी कहानी या उपन्यास में उसका प्रयोग करता है, तो वह यथार्थ से थोड़ा दूर फिल्मी भाषा लगने लगती है। हर तरह की सोच है।

लेकिन यह सच है कि हिन्दी के समृद्ध कथा-संसार में मुम्बई का लैंडस्केप और मुम्बई की आंचलिक बोली का प्रयोग अपेक्षाकृत कम है। मराठी, अंग्रेजी और गुजराती साहित्य में यह भरपूर हैं। कन्नड़ और उर्दू के कुछ उपन्यासों में भी मुम्बई के अनेक रंग दिख जाते हैं। मराठी में भाऊ पाध्ये जैसे अद्वितीय लेखक हुए, जिन्होंने मुम्बई की नब्ज को इस तरह पकड़ा, जैसा शायद ही किसी अन्य उपन्यासकार ने पकड़ा हो। नामदेव ढसाल और नारायण सुर्वे जैसे कवियों की पंक्तियों में मुम्बई का खारा पानी बेहिसाब बहता है। ऐसे में हिन्दी में शैलेश मटियानी लिखित 'बोरीवली से बोरीबन्दर तक' और जगदम्बा प्रसाद दीक्षित लिखित 'मुर्दाघर' जैसे उपन्यासों की याद हो आती है।

सारंग उपाध्याय का उपन्यास 'सलाम बॉम्बे व्हाया वर्सोवा डोंगरी' पढ़ते हुए मेरे मन में ये सारी बातें उमड़ते-

घुमड़ते गूँजती रहीं। चूँकि शीर्षक में भी इसका प्रयोग है, फिल्म 'सलाम बॉम्बे' याद आती रही। मीरा नायर ने अपनी फिल्म का धूसर रंग और दुर्लभ मोती-मुस्कान जिन जगहों से ली है, सारंग ने भी ठीक उन्हीं जगहों को अपनी रचनात्मक तिजोरी के लिए चुना है। उन्होंने 'वाया' के लिए 'व्हाया' वर्तनी का प्रयोग किया है। मराठी से प्रभावित मुम्बइया हिन्दी के सन्दर्भ में यही वर्तनी उचित जान पड़ती है, यही वहाँ प्रचलित भी है। इसी वर्तनी की तरह उन्होंने अपने चरित्रों के चित्रण में भी एक स्थानिक सावधानी बरती है। राघव, सायरा, अरफाना, जालना, सुरेखा आदि मुम्बई के हैं और मुम्बई इनकी है। चमचमाते उपनगर अँधेरी से लगा हुआ अँधेरा इनका है। बेतहाशा गरीबी में भी गरबीली मुस्कान इनकी अपनी है। प्लेटफॉर्म पर अचानक जोर-से बोलने और हँस देने की बदगुमानी इनकी अपनी है। 1992-93 के दंगों ने मुम्बई को किस तरह बदल दिया था, वह दर्द इन चरित्रों में दिखता है। मुम्बई एक अलग ही शहर है, जहाँ इंसान जिन्दगी से आजिज आकर भी जिन्दगी की रोजमर्रा तरकीबों में डूबा रहता है। सारंग उपाध्याय ने प्यार-मुहब्बत, भीड़-भड़क्का, मारामारी, गोली-माफिया, धोखा-उम्मीदकुशी जैसी तमाम बातों से इतर इस 'आजिजपने' को बखूबी पकड़ा है। मुम्बई की शबिस्ता में पसरी उस अमूर्त बात को छूने की कोशिश की है, जिसके मोह में लोग शाम-ए-अवध और सुबह-ए-बनारस छोड़ आते हैं।

और यही कोशिश इस किताब का सौन्दर्य है, जिसे मुम्बइया बोली के समझदार इस्तेमाल ने बढ़ा दिया है। भाषाई सौन्दर्य को एक स्थानिक सत्य के निकट खड़ा कर दिया है,

जिससे कथा के दुख और गाढ़े हो जाते हैं। ग्यारह किस्सों के जरिए, प्रेम की शक्ति और विश्वास की डोर तक पहुँचने वाला यह उपन्यास मुम्बई के निम्न-मध्यवर्गीय जीवन का एक मिनिएचर बनाता है, राघव और सायरा जैसे दो यादगार किरदारों के जरिए रंग और बदरंग के बीच भावनात्मकता का उदास उत्सव मनाता है और सपनों का ताना-बाना बुनता है। यह सब करते हुए यह उपन्यास मुम्बई की आत्मा को एक कड़क कथात्मक सलाम ठोंकता है, वह आत्मा जिसका नाम 'जिजीविषा' है। साहित्य की आत्मा का नाम भी दरअसल यही है।

—गीत चतुर्वेदी

पहला किस्सा

यह दुनिया और यह समय

एक समय में होने से,
समय एक जैसा नहीं हो जाता
और समय के बदलने से
नहीं बदल जाती दुनिया
हर दुनिया
सुबह-शाम और दिन-रात बदलती है,
लेकिन हर सेकेंड, घंटे और मिनट भी
किसी की दुनिया बदल देते हैं...

उस दिन मुम्बई में सुबह के नौ बजे थे, ठीक वैसे ही जैसे पूरे भारत में नौ बजते थे, लेकिन मुम्बई में नौ बजने का मतलब हो सकता था, लोगों की जिन्दगी में बारह बज जाना और दूसरी जगहों पर सम्भव था, जिन्दगी में पौ बारह हो जाना। हालाँकि हो इसका उलटा भी सकता

था, क्योंकि दुनिया एक जैसी कहाँ है? और जब दुनिया एक जैसी नहीं है तो समय एक जैसा कहाँ है? तो जब पूरे देश में सुबह के नौ बजे थे और कई शहर आँखें खोल रहे थे और कई चाय-नाश्ते पर फोकस कर रहे थे, तब मुम्बई भीड़ के आगोश में नींद की दूसरी झपकी मार रही थी।

दादर स्टेशन भीड़-भड़क्के में लालचट्ट हो रहा था। कई चेहरे बेचैनी में तर थे और असंख्य माथे उमस में लाल-पीले हुए जा रहे थे। सेंट और परफ्यूम से महकते रूमाल पसीने में भीगकर बदबदा गए थे। सैकड़ों दिल धड़क रहे थे और अनगिनत दिमाग सकते में थे। वेस्टर्न, सेंट्रल और हार्बर रेलवे लाइन, काम-धन्धे में मगन थीं। हर 2 से 5 मिनट के अन्तराल पर एक लोकल धड़धड़ाती आती और लोगों के गुच्छे-के-गुच्छे ट्रेन में चढ़ने के लिए हाथ-पैर मारते; कोई चढ़कर जंग जीत लेता, तो कोई चढ़ते-चढ़ते रह जाता। जो चढ़ते-चढ़ते रहने लगता, वह गेट पर ही लटक जाता और जो गेट पर लटका रहता, वह फिर इंसानियत के कुछ हाथों का इन्तजार करता, जो उसे अन्दर खींच लेते। बाकी जो रह जाते, वे दूसरी लोकल पकड़ने के लिए पैंट ऊपर खिसकाकर कमर कसते।

ट्रेनें आ रही थीं और मजदूरों, व्यापारियों, धन्धेबाजों, दलालों, भक्तों, अपराधियों, हैरान-परेशानों, दिलफेंकों, रंगरेजों को ढोकर ले जा रही थीं, तो कइयों को फेंककर जा रही थीं।

भारतीय रेलवे के टर्मिनस कहलाने वाले दादर स्टेशन के हर प्लेटफॉर्म पर भीड़ के कई रंग थे। गेट से लेकर प्लेटफॉर्म तक और प्लेटफॉर्म से लेकर ओवर ब्रिज तक, जहाँ देखो वहाँ बस आने-जाने वालों की रेलमपेल थी। कहीं व्हाइट कॉलर थे, तो कहीं बिना कॉलर

के भी थे, कहीं मजदूरों की धक्का-मुक्की थी तो कहीं गृहिणियों का इन्तजार था, कहीं कॉलेज स्टूडेंट्स की तफरीह थी, तो कहीं ट्रैवलर्स और टूरिस्ट्स की बेचैनियाँ थीं।

दादर स्टेशन पर हर रोज लगने वाले इस भीड़ भरे मेले के रेले में राघव उर्फ रघु रोज की तरह बूट पॉलिश वाले किशन के पास बैठा तम्बाकू मल रहा था। स्टेशन की भीड़ और ट्रेनों के शोर के बीच प्लेटफॉर्म पर मराठी, हिन्दी और अंग्रेजी में एनाउंसमेंट रह-रहकर बजते थे। अलग-अलग आवाजों के इस सैलाब में जूते पॉलिश करते ब्रश, टकाटक की ध्वनियों के साथ गूँजते और लोगों का ध्यान अपनी ओर खींचकर चुप हो जाते।

स्टेशन पर बह रहे शोर के इस कोरस में 33 की उम्र पार कर चुके राघव ने एक आँख दबाई और सामने बैठकर ट्रेन का इन्तजार कर रही लगभग 30 बरस की सायरा की ओर मुस्कराती नजरें डालते हुए एक गाना गुनगुनाया—

'तेरे चेहरे में वो जादू है...!'

सायरा साड़ी के पल्लू से पसीना पोंछती, सामने रखे मछली के टोकरे को कपड़े से ढक रही थी। उसे महसूस हुआ कि सामने बैठा राघव उसे देखकर कुछ गुनगुना रहा है और इशारा कर रहा है। उसने एक बार तिरछी आँखों से राघव की ओर झलक भर देखा और फिर सामने ट्रेन की ओर ताकने लगी।

सायरा की इस चुप्पी और उपेक्षा पर राघव मुस्कराया, फिर हथेली पर रखी तम्बाकू को मुँह में दाबा और अपने हाथ के तम्बाकू वाले कागज को हथेली में दबाकर गोल किया और सायरा पर फेंकते

हुए बोला—"जास्ती भाव बढ़ गए हैं तेरे। इतने लाल तेवर ठीक नहीं...मछुआरन।"

इधर, गोल हुआ कागज सीधे जाकर सायरा के कान पर लगा और उसके कान के झुमके से टकराकर साड़ी पर गिर गया। कागज की अचानक पड़ी इस मार से सायरा चौंक गई। वह घबराकर साड़ी पर पड़े कागज को देखने लगी कि अचानक दूर से राघव ने अपने दोनों होंठों को गोल किया और मुँह में पीछे की ओर हवा खींचते हुए एक पतली धारदार आवाज का इशारा सायरा पर फेंका—"यहाँ...इधर... इधर देख कोल्हन..." राघव की इस हरकत पर सायरा चिढ़ गई और चिल्लाते हुए हाथ हिलाकर बोली—"साले मेलया कुतरया, आई न सांग न तुझी हलकट।" (ओ हलकट, अपनी माँ को कर न ये इशारा) सायरा के झल्लाने पर राघव चिढ़ा, फिर हँसा और उसके साथ में बूट पॉलिश वाला किशन भी खिलखिलाया।

राघव के साथ किशन की भी मसखरी सायरा को रास नहीं आई—वह जोर से चिल्लाई—"काम-धन्धा नहीं है क्या तुम लोगों को? दूँ क्या काना खाली?" चिढ़ती हुई सायरा पर राघव और किशन एक बार फिर जोर के हँसे। दोनों की हँसी से सायरा का दिमाग और पैर जगह से हिल गए। पहले उसने एक चप्पल निकाली और सीधे उठाकर राघव की ओर फेंकी। फिर झटके से खड़ी होकर चिल्लाते हुए लपकी—"मेलया कुतरया, तेरी माँ को फेंककर मारना हरामी लँगड़े।"

गुस्से में दौड़ी सायरा राघव तक पहुँच पाती, उतनी ही देर में राघव 'ही...ही...' करता बैसाखियों पर खड़ा हुआ और उन्हें धकेलते हुए सामने की ओर भागा। फिर दबे और पिचके गालों वाले चेहरे से आँख मिचकाते हुए दूर से ही बोला—"काय को गरम होती है रे

खाली-पीली? इत्ता भी मजाक समझती नहीं क्या?"

राघव सायरा की पहुँच से बाहर था। वह उसके पीछे ज्यादा भी नहीं दौड़ी। बस, फेंकी हुई चप्पल को उठाकर हाथ से सीधा किया और पहन ली, लेकिन इस पल भर के खेल में राघव और सायरा की आँखें एक-दूसरे से मिलीं। राघव हँसे जा रहा था जबकि सायरा के चेहरे पर एक रसीली मुस्कराहट तैर रही थी वह बोले जा रही थी—"जाऽऽ न तिकड़े जा...! क्यूँ खाली-पीली भेजा सरकाता है?"

सायरा की मुस्कराहट धीरे-धीरे अपनी ही शरमाहट में डूबने लगी थी।

राघव ने सायरा को यूँ मुस्कराते और शरमाते देख आँख मारी और फिर हँसते हुए मसखरी की—"साली, नखरे तो देख। आते-जाते हाल ही पूछ लिया कर। यहाँ तो रोजाना आती है।"

राघव का जवाब सुन दुबली-पतली, ऊँची सायरा, जो अपनी सीधी तीखी और पतली नाक के दोनों ओर लौंग पहने हुई थी, बजाय कुछ कहने के, अपने मछली के टोकरे के पास जाकर बैठने लगी। लेकिन राघव की मसखरी अभी बाकी थी। वह बैसाखियाँ धकाता हुआ तेजी-से आया और सायरा की कमर को उसने एक बैसाखी से धकाया। उसकी इस हरकत को स्टेशन पर खड़ी भीड़ ने देखा। कई मुस्करा रहे थे तो कई राघव को देखकर आँखें तरेर रहे थे।

इधर, किशन मुँह दबाकर हँस रहा था, मगर राघव इससे ज्यादा कुछ बोल पाता, सायरा इस हरकत से इतना चिढ़ गई कि वह एक झटके के साथ पलटकर राघव पर झपटी—"सालेऽऽ हरामी, समझत

नाही का तुला...रोज...रोज...भेजे की वाट लगाता है?" पर राघव भी पूरी तरह से सतर्क था और वह अगले ही पल बाँस पर करतब दिखाने वाले किसी मँजे हुए नट जैसा उछलता हुआ एक ही फलाँग में सायरा से दूर आ खड़ा हुआ, लेकिन तेजी-से पलटने के चक्कर में वो एक गोरी, खूबसूरत लड़की से जा टकराया जो ऑफिस जाने के लिए ओवर ब्रिज से उतर रही थी। लड़की की पतली टाँगों से राघव की एक बैसाखी इतनी सटी की वह पूरी तरह हिल गई और उसका छरहरा बदन जैसे बिखर ही जाता। वह गिरते-गिरते बची। लड़की बिफर गई फिर नाक पर रखे काले चश्मे को अपनी पतली उँगलियों से उतारकर वह राघव की आँखों में आँखें डालकर बोली—"यू स्टुपिड रास्कल, स्काउंड्रल, कांट यू सी मी...? गो टू हेल।"

अंग्रेजी में टपाटप पड़ी गालियों को सुनते ही राघव का पिचका हुआ भूरा चेहरा रुआँसा हो गया। गिनती के दो शब्द निकले, वो भी बिजली की गति से जो उसने बिजली जैसी मुम्बई से सीखे थे। "सॉरी... सॉरी...मैम..." मगर अभी राघव इस झटके से बाहर भी नहीं निकला था कि उसके सुन्न पड़ चुके कानों में एक धारदार हँसी झटके-से घुस गई। सायरा हँस रही थी, साथ-साथ बोल भी रही थी—"मर...मर मर...न अन्धे...कुतरे...।"

सायरा इतनी जोर से हँस रही थी कि सुबह के ठसाठस भरे प्लेटफॉर्म नं. 3 के बुक स्टॉल, कैंटीन सहित पास ही खड़े लड़के और लड़कियाँ भी उसकी ओर देखने लगे। कुछ तो मुस्कराने भी लगे। यह एक पूरा ड्रामा चल रहा था जो किशन सहित कैंटीन वाले, ट्रेन का इन्तजार कर रहे यात्री, सब देखे जा रहे थे।

अपनी हँसी की आवाज पर इस तरह दुनिया भर की नजरों को

देखते हुए सायरा झेंप गई। उसे समझ आया कि वाकई में वो बहुत ज्यादा ही जोर से हँस पड़ी है। उसने शर्म के मारे दोनों हाथों से मुँह ढका और अपनी जगह पर जाने के लिए पलटी। जाते-जाते उसने सामने की कैंटीन से वड़ा पाव लिया और खाते हुए अपनी पलकें उठाकर राघव को घूरने लगी। उसके चेहरे पर मुस्कराहट तैर रही थी।

गेहुँए रंग के चेहरे वाली सायरा एक अदा के साथ खड़ी थी। हाथों में लाल रंग की चूड़ियाँ थीं, जो उसकी लाल और हरे रंग की साड़ी के साथ मिलकर उसे खूबसूरत बना रही थीं। वड़ा पाव खाते हुए दुबली-पतली और ऊँचे कद की सायरा ने अपनी नजरें चुराईं और साड़ी समेटकर वहीं नीचे बैठ गई। मुँह को पूरी तरह से छिपाने के लिए उसने गर्दन नीचे कर बैठे-बैठे ही पास पड़े अपने मछली के टोकरे को बूट पॉलिश वाले के बगल में खम्भे से सटा दिया, लेकिन मछली से भरे टोकरे को करीब आता देखकर बूट पॉलिश वाला भनभना गया—"तिकड़े ठेव न याला...समझत नाही का तुला...?" (ऐ, इसे उधर रख न। तुझे समझ नहीं आता?)।

सायरा कुछ नहीं बोली, पर रही-सही शर्म भी उसके पास नहीं बची। उसने टोकरे में उदास झाँकते पॉपलेट मछली के सिर को हाथ से अन्दर किया और टोकरा ढकते हुए उसे अपनी ओर खींचकर शान्त बैठ गई, लेकिन राघव शान्त नहीं था। वह सायरा को पड़ी फटकार को दूर से देख रहा था। एक लड़की से टकराने के बाद वह घबराया था, पर अब सामान्य हो रहा था। वह फिर सायरा के पास आ धमका और सायरा की हँसी पर दाँत पीसते हुए बोला—"बहुत हँसी आ रही है तेरे को, साली? दूँ क्या रख के कनपट? धन्धे का टाइम खोटी करती है। चल, निकल यहाँ से।"

राघव के चेहरे पर खीज थी। सायरा सिर झुकाए बैठी थी और राघव चिल्लाता जा रहा था—"लटके-झटके सिखाऊँ तुमाला। साली..." लेकिन इस बार सायरा कुछ नहीं बोली। वह एकदम खामोश थी। उसने सिर नीचे झुका लिया था। उसकी आँखें भर आई थीं। राघव को महसूस हो चुका था कि वह रो रही थी, इसलिए वह उसे खामोशी से देखता रहा।

सायरा को रोता देख उसकी आँखों में एक उदासी तैर आई थी। वह सायरा के करीब जाना चाहता था, लेकिन गया नहीं, बल्कि दोनों के बीच छाई चुप्पी में डूब गया। दोनों एक-दूसरे से कुछ और बोल पाते, तभी दूर से एक लोकल ट्रेन आती देख सायरा खड़ी हुई और बिखर चुके बालों को समेटा और कसकर जूड़ा बाँधा। फिर साड़ी के पल्लू को कमर में दबाया और मच्छी का टोकरा सिर पर रखकर लगेज वाले डिब्बे में चढ़ गई।

राघव जाती हुई लोकल ट्रेन को देख रहा था। लोकल जब राघव की आँखों से ओझल हो गई तो फिर वह पलटकर दोबारा किशन के पास जा बैठा। उसके चेहरे पर गहरी उदासी थी। राघव को अपने पास आता देख किशन बोला—"क्या रघु भाई, गेली क्या मछुआरन...!" राघव कुछ नहीं बोला। उसकी आँखें भरी हुई थीं, जिनमें वह चाहकर भी डूब नहीं सकता था।

उधर सायरा ट्रेन के दरवाजे से झाँकते हुए दादर पार कर रही थी। उसकी आँखों में एक समुन्दर उतर आया था, जिसमें एक शाम गहराने वाली थी।

दूसरा किस्सा

एक दुनिया एक समय और इश्क होते शहर में प्यार की कहानियाँ

बदली हुई दुनिया, बदला हुआ समय है
एक दुनिया कई समयों में होती है और एक समय कई दुनिया रचता है
जब दो लोग मिलते हैं तो अलग-अलग दुनिया मिलती है
और जब दो दुनिया मिलती है तो दो अलग-अलग समय मिलते हैं
अलग-अलग समय एक दिन, एक दुनिया रचते हैं
प्यार की दुनिया हर समय के पार होती है
इश्क, हर मजहब और जाति से परे होता है

सायरा जालना आलम मोहम्मद खाँ और राघव प्रसाद यादव के बीच में रोजाना यही होता था। जब दोनों मिले थे, तब वह सन् 2005 था। एक

बम्बई, मुम्बई होने के लिए बेचैन थी तो एक शहर कहानी से निकलकर उपन्यास बन रहा था। बाबरी मस्जिद ढह चुकी थी और मुम्बई दंगों-धमाकों में झुलस चुकी थी। दाऊद इब्राहिम दुबई भाग चुका था और बम्बई करीम लाला, दाऊद इब्राहिम, छोटा राजन और अरुण गवली के बिना जी रही थी। 2002 गुजर गया था और साल 2006 दस्तक दे रहा था। सब कुछ सामान्य था। न मौसम काल्पनिक था न सियासत, न मोहब्बत फीकी हुई थी और न इश्क किसी उड़ती चिड़िया का नाम था। दुनिया वैसी ही चल रही थी जैसी चलनी थी। लोग अपनी मौत भी मरे थे और बेवजह भी मारे गए थे। शादियाँ भी हुई थीं और बच्चे भी पैदा हुए थे। कुछ प्रेमिकाएँ धोखा खाकर बैठी थीं तो कुछ लड़के जहर खाकर मर गए थे।

इश्क होते शहर में और प्यार-मोहब्बत के मिलने-मिलाने वाले उस दौर में रघु-सायरा 2005 में वैसे ही मिलते थे जैसे 90 के दशक में कोई किरण और राकेश जुहू चौपाटी पर मिला करते थे। कोई शबाना और सलमान मरीन ड्राइव पर शाम गुजारा करते थे या कोई मारिया और डेविड बांद्रा में बैंड स्टैंड पर मिलते थे और आकाश में खिले तारों से लुका-छिपी कर रोजाना सपनों में लौट जाया करते थे।

सायरा और राघव की कहानी भी सपनों में लौट जाने की कहानी थी। मोहब्बत से भरी हुई, प्रेमपत्रों वाली और चुपके-चुपके से मिलने वाली।

सायरा मुम्बई के वर्सोवा में रहती थी, मछुआरों की दुनिया में। उसका घर मुम्बई के सबसे चमकते इलाके अँधेरी के सबसे अँधेरे इलाके में

था। उत्तर पश्चिमी हिस्से के सबसे आखिरी छोर पर, जहाँ नाक पर रूमाल रखकर चलना होता था और पहुँचने पर चॉल ही क्या, धरती ही खत्म हो जाती थी।

सायरा अपनी अम्मी अरफाना और अब्बा जालना आलम मोहम्मद खाँ की इकलौती औलाद थी। परिवार छोटा था और मछलियाँ बेचकर गुजर-बसर होती थी। समुन्दर ही इस कुनबे का रखवाला और पालनहार था। सायरा, जाल, मछलियाँ और समुन्दर देखते हुए बड़ी हुई थी और पक्की मछुआरन थी, बिलकुल बाप की तरह। मुम्बई की रफ्तार उसके अन्दर थी और समुन्दर की गहराई उसके दिल में। पैदा होते ही उसने मछलियाँ देखी थीं और कागज की बजाय असली नाव से खेलना सीखा था।

सायरा का अब्बा जालना एक सीधा-सादा मछुआरा था और उसके अब्बा ने पैदा होते ही वर्सोवा को देखा था; उसी वर्सोवा को जिसके इतिहास में ब्रिटिशर्स से लेकर पुर्तगालियों की कहानियाँ तैरा करती थीं और जो कभी मछली पकड़ने वाले कोल्हियों का गाँव वेसवे हुआ करता था जहाँ मछुआरों की छोटी बस्तियाँ थीं और वे मछलियाँ पकड़कर गुजर-बसर करते थे।

सायरा के अब्बा जालना वर्सोवा के तीस साल पुराने बाशिन्दे थे और वर्सोवा में मछलियाँ पकड़ते, बेचते और मुम्बई पुलिस की मुखबिरी करते उन्हें सालों गुजर गए थे जबकि जालना के अब्बा आरिफ मोहम्मद गुजरात के जूनागढ़ के माँगरोल गाँव से 60 के दशक में मुम्बई पहुँचे थे। जालना बम्बई में ही पैदा हुआ था और बचपन से ही मछलियाँ पकड़ने में उस्ताद था। 8 साल की उम्र तक आते-आते जालना की समुन्दर से यारी देखते ही बनती थी। खेलने-कूदने की उम्र

में वह दूर-दूर तक समुन्दर में घूमा करता और समुन्दर की हर हरकत को अपनी आँखों से ताड़ लेता था। अपने बेटे के किसी उस्ताद की तरह मछलियाँ पकड़ने और जाल फेंकने के हुनर को देखकर जालना के बाप की आँखें भरोसा नहीं कर पाती थीं। जालना था भी अजूबा, क्योंकि उसके जाल फेंकने का मतलब था, समुन्दर में मछलियों को जाल में आकर फँस जाने की दावत देना।

दिन कभी ऐसा नहीं जाता था कि जालना समुन्दर से खाली हाथ लौटा हो और कोई ऐसी शाम नहीं थी जब समुन्दर ने जालना को बैरंग भेज दिया हो।

जालना जब जवान हुआ तो वह हरहराते समुन्दर में हमउम्र जवानों के साथ दूर गहराई में निकल जाता और भर-भर के मछलियाँ लाता। वह समुन्दर की हर हरकत की नब्ज जानता था। बादल घिरे हों तो मूड क्या होगा और हवाएँ चलेंगी तो लहरें कहाँ तक उठेंगी। उसकी नजरें जहाँ तक जातीं, पानी के चप्पे-चप्पे को जानती थीं। एक वक्त ऐसा भी आया था, जब अक्खी मछुआरा बस्ती में उसके इसी हुनर की खबरें मुम्बई पुलिस के कानों में भी लगी थीं और उसने उसे अपना मुखबिर बना लिया था। चाहे चरस-कोकीन की स्मगलिंग हो या फिर किसी अनजानी बोट की छाया, जालना की नजरों से कुछ नहीं बचता था। वह समुन्दर में मुखबिरी का उस्ताद था और समुन्दर का सबसे बड़ा राजदार।

जालना के अब्बा अपने बेटे के हुनर और तकदीर से इतने खुश थे कि वे उसे आलम मोहम्मद की बजाय 'जाल फेंकने वाला जालना' ही पुकारने लगे, जबकि यह नाम से ज्यादा एक छाप थी जो उस दौर में काम के हिसाब से पीछे चिपका दी जाती थी। जाल फेंकने की यह

छाप आलम मोहम्मद के नाम से ऐसी चिपकी थी कि उसे जिन्दगी भर के लिए जालना ही बना गई।

जालना एक छोटा मछुआरा था। उसके पास नाव भी किराये की थी, लेकिन उतना कमा लेता था कि पेट पाल लेता था। हालाँकि बम्बई पुलिस के लिए मुखबिरी की इज्जत और उससे बेइन्तहा प्यार करने वाली औरत अरफाना से उसका दिल भरा रहता, लेकिन जिन्दगी में बस एक कमी थी। वह एक औलाद की ही थी जो अल्लाह मियाँ ने उसे सायरा के रूप में भी दी, लेकिन शादी के पूरे चार से पाँच साल बाद, और वह भी लड़की।

तो यह सायरा की कहानी थी, उसकी पैदाइश की, जो उसके अब्बा और अम्मी के लिए बड़ी मन्नतों, दुआओं और तावीजों की नेमत का ही नतीजा थी।

सायरा के इस दुनिया में आने के बाद जालना-अरफाना को कई दिनों तक यकीन ही नहीं हुआ था कि वे अब्बा-अम्मी बन गए हैं। दोनों के लिए माँ-बाप बनने का अहसास जन्नत नसीब होने से कम नहीं था। पहले बच्चे की खुशी को जालना और अरफाना ने कई दिनों तक जिया और उनकी खुशी में पूरी वर्सोवा बस्ती शामिल हुई। जालना ने जमकर मिठाई बाँटी, ढोल बजवाए, मजारों पर चादर चढ़ाई, गणपति को लड्डू चढ़ाए और फकीरों को खाना खिलाया। वह महीना भर समुन्दर नहीं गया और घर में अरफाना की गोद में पड़े अपने चाँद के टुकड़े को निहारता रहा और उसके साथ खेलता रहा।

इकलौती औलाद सायरा, अम्मी अरफाना की आँख का तारा थी, तो अब्बा जालना की चमकती आँखों का नूर जबकि वर्सोवा बस्ती के लिए ईद की रौनक।

तीसरा किस्सा

उस दुनिया से पार, दास्तां जालना-अरफाना की...!

उन दोनों का समय अलग था
और दुनिया भी अलग थी।
दोनों न कुछ स्वीकार करने की स्थिति में थे और न अस्वीकार,
लेकिन उनके बीच जो कुछ घटा था,
वह उस समय से बाहर था,
उस दुनिया से भी पार था...!

सायरा और रघु प्रसाद यादव की तरह ही सायरा के अब्बा जालना और अम्मी अरफाना के इश्क की भी एक कहानी थी। जब दोनों मिले तो बम्बई छोटी थी, लेकिन उनका दिल बहुत बड़ा था। उन दिनों सोशल मीडिया नहीं था, लेकिन बम्बई बेहद सोशल हुआ करती थी। लोगों में प्यार था और वह प्यार गणपति पंडालों, गोविन्दाओं की मटकी फोड़ने वाली टोलियों और ईद की रौनक में रौशन होता था।

मुसलमान गणपति पंडालों में 'गणपति ऽऽप्पा मोरऽऽया पुढचा वर्ची लौकर' या बोलने में हिचकिचाते नहीं थे और हिन्दू मोहम्मद अली रोड पर ताजियों से मन्नत माँगा करते थे। यह वह समय था, जब डोंगरी का कोई लड़का दाऊद इब्राहिम मुस्लिम डॉन नहीं बना था और सातरस्ता के भायखला की दगड़ी चॉल में रहने वाले अरुण गवली को किसी हिन्दू हृदय सम्राट ने हिन्दू डॉन भी घोषित नहीं किया था।

यह वह दौर था जब सायरा के अम्मी-अब्बा को पूरी वर्सोवा बस्ती प्यार करती थी और ये दोनों मियाँ-बीवी एक-दूसरे से बेपनाह मोहब्बत करते थे। प्यार में डूबे इस जोड़े की मोहब्बत के चर्चे निकाह से पहले नहीं बल्कि बाद में सबकी निगाहों में आए और आए भी ऐसे कि बातें वर्सोवा की मछुआरा बस्ती से निकलकर मालेगाँव तक हुईं।

दोनों का इश्क निकाह के बाद रंग चढ़ा और जब परवान चढ़ा तो दोनों ही बम्बई से मालेगाँव तक शौहर-बीवी के इश्क की मिसाल बन गए।

जालना की जिन्दगी में समुन्दर के बाद सबसे कीमती चीज थी तो वह थी, सायरा की अम्मी अरफाना। जब जालना की शादी हुई तो उसकी जिन्दगी में पहली बार किसी औरत ने दस्तक दी थी। जालना ने माँ को देखा नहीं था, सो शादी के बाद पहली बार औरत से सामना हुआ तो वह बेगम अरफाना ही थी। खूबसूरत अरफाना को देखकर उसके पाँव समुन्दर से ज्यादा जमीन पर रहने लगे और जिन्दगी में मोहब्बत के फूल खिलने शुरू हुए।

सायरा की माँ अरफाना एक तेज-तर्रार औरत थी। मालेगाँव का मायका था और अँगूठे छाप जालना की तुलना में माशाअल्लाह न केवल छठे पाए तक पढ़ी-लिखी थी बल्कि उस जमाने में दीनी तालीम

का अच्छा ज्ञान था। वह एक ईमानदार मौलवी की लड़की थी, जिसने मदरसे में जाकर अपने अब्बा से कुरान की आयतों से लेकर हदीस की बातें सुन रखी थीं। वह दुनियादारी में तेज थी और घर-गृहस्थी चलाने का हुनर सीखी हुई थी। अरफाना को निकाह के नाम पर मुम्बई रास तो आया था, लेकिन ससुराल में चल रहा काम-धन्धा उसके पल्ले नहीं पड़ता था। रही-सही कसर शौहर के मिजाज ने पूरी कर दी थी।

जालना चाहता था कि बेगम अरफाना चूल्हा-चौका छोड़कर दूसरी औरतों की तरह उसके धन्धे में हाथ बँटाए। कम-से-कम मच्छी तो बेचकर ही आए और पैसे कमाए, क्योंकि बम्बई में खाना पकाने से कमाने की जंग ज्यादा बड़ी थी। खाना होगा तो पकेगा, फिर महँगे शहर में कमाने वाले हाथ दो हों तो कहने ही क्या! लेकिन अरफाना को न मछलियाँ पसन्द थीं न ये काम-धन्धा। निकाह के बाद नई-नवेली बेगम अरफाना ने यानी कि अँधेरी स्टेशन पर अपाहिज राघव से झगड़ा करने वाली सायरा की अम्मी ने मन मारकर कुछ दिन जालना के काम में हाथ तो बँटाया, लेकिन जिन्दगी जहन्नुम हो गई।

घरेलू काम करने वाली नाजुक और खूबसूरत अरफाना का जालना की कामकाजी जिन्दगी में शामिल होना जी का जंजाल बन गया था। पहले-पहल तो मछलियों की लगातार बदबू अरफाना को सहन नहीं होती थी और नाव की देखभाल किसी बच्चे की तरह करनी होती है, उसे यह समझने में बहुत टाइम लगा। ऊपर से मछलियाँ पकड़ने का काम उसे तारे तोड़ने की तरह ही लगता था, जबकि उसके बाद उसे छाँटने और बेचने का काम तारे गिनने जैसा।

जालना एक छोटा मछुआरा था। नाव भी छोटी थी और वह भी किराए की थी। एक से दो दिन में जब मछलियाँ पकड़कर लाता तो

अरफाना नाव से मछलियाँ समेटकर टोकरे में डालती, उन्हें छाँटती और साथ की औरतों के साथ बेचने के लिए निकल जाती। कभी अँधेरी की मच्छी मार्केट जाती तो कभी दहिसर, कभी पार्ले तो कभी माहिम। फिर यदि मछलियाँ अच्छी और उम्दा होतीं तो फिर जालना मोर्चा सँभालता और दोनों ही लोकल ट्रेन से सुबह-सुबह बॉम्बे निकल जाते, जहाँ कभी दादर तो कभी एलफिंस्टन रोड, कभी मुम्बई सेंट्रल तो आखिरी में भाऊ चा धक्का के बड़े मछली बाजार में जाकर सुबह 11 बजे तक पैसा भी समेट लाते और वहाँ से कम दामों की मछलियाँ खरीद लाते और अँधेरी, वर्सोवा के कोल्हीवाड़ा में या फिर आसपास के घरों, बाजारों में बेच आते। मेहनत तो बहुत होती, पर फायदा भी ज्यादा होता। लेकिन मालेगाँव की छोकरी के लिए इतने बड़े बम्बई शहर में यह सब करना, दिन में एक बार मायके का चक्कर लगाने जैसा था।

सुबह उठकर मछलियों का भारी-भरकम टोकरा माथे पर रखकर बाजारों में जाना या फिर स्टेशनों के ऊँचे-ऊँचे ब्रिज चढ़कर, लोकल ट्रेन में बैठकर मछलियाँ बेचने जाना, उन्हें बेचने के लिए घंटों खड़े रहना और आवाज निकालकर सौदा पटाने का काम हफ्ते में एक बार ठीक था, लेकिन इसे 3 से 4 बार करना होता, उसकी तो जिन्दगी में जैसे तूफान आ गया था। जालना के साथ रहते हुए उसे समझ आ रहा था कि बम्बई में पेट की आग बुझाना इतना आसान नहीं था। फिर ये तो बात मछली बेचने वाली थी, लेकिन दूसरे काम भी थे। किनारे से लगती नाव से मछलियाँ उतारना, फिर उन्हें अलग करना, पॉपलेट, रोहू, कोलबी, काने, तारली, घोंघे, झींगे, बॉम्बे डाक, केकड़े सभी को अलग-अलग छाँटना, मछलियों को धोना, ठीक से टोकरे में रखना, फिर उन्हें बेचने के लिए जाना।

इधर नाव की सफाई, जाल को सुलझाना, फैलाना, रखना जैसे दूसरे काम थे, सो अलग। कई बार तो जाल हाथ में लेते वक्त अरफाना के हाथ छिल जाते, तो कई बार उँगलियों में काट पड़ जाती—तब चिढ़कर कहती—"ये मछली पकड़ना छोड़कर कोई दूसरा काम अपना लो, मियाँ। न इतना थकना-टूटना होगा न हाथ सख्त रहेंगे, फिर प्यार भी बना रहेगा और रात को दिल भी भरा रहेगा। यूँ इन कटे-पिटे लहूलुहान हाथों से किस्मत रुखसत हो रही है और ऊपर से जिन्दगी जहन्नुम हुई जा रही है।"

ससुराल के इन कामों से अरफाना थक-हारकर चूर हो जाती। ऊपर से घर आकर खाना बनाना होता। वह तो शुक्र था, घर में सास-ससुर नहीं थे, लेकिन इतना थकने के बाद जब नींद के झोंके आँखों से उतरकर बदन पर रेंगते तो पूरा शरीर ही नींद के आगोश में समाने लगता। ऐसे में फिर दो लोगों का खाना बनाना तो दूर, खुद के लिए उठकर एक गिलास पानी भी न लिया जाता। काम से चिढ़ती अरफाना धन्धा बदलने की जिद करती रहती, लेकिन जालना के कानों पर जूँ तक नहीं रेंगती। वैसे भी निकाह के बाद शौहर का बहरा होना और बीवियों की जुबानें लम्बी हो जाने का दस्तूर था, सो उसे लगने लगा था कि कितना ही चिल्लाते रहो, जिन्दगी को ऐसे ही चलते रहना था।

इस तरह अरफाना का बोलना चलता रहा और जालना का जाल फैलता रहा।

एक बार अरफाना, जालना के साथ मछलियाँ पकड़ने दूर समुन्दर में गई तो एक लहर चिढ़ती हुई आई और नाव को ढुल-मुल कर गई। लहर इतनी तेज थी कि अरफाना एक झटके-से समुन्दर में चली गई। तैरना आता भी था तो नदी में। अब नदी और समुन्दर में तैरने का

कुछ तो फर्क था। अरफाना ने हाथ-पैर मारे पर सँभाल नहीं पाई, एक बुलबुला उठा और अन्दर, लेकिन घबराई अरफाना की चीखें ज्यादा देर तक और दूर तक नहीं गूँजीं। उसे पता भी नहीं चला और जालना के दो हाथों ने उसके शरीर को थामा और महज पाँच मिनट में वह नाव में थी। उस दिन अरफाना को अपनी मौत करीब लग रही थी, लेकिन वह तो जालना उसके साथ था कि पल भर में मौत के सैलाब से खींचकर उसे जीवन की सुनहरी धूप में ले आया। हालाँकि जब वह नाव में आई तो बेहद घबराई, डरी-सहमी हुई थी। गले में खारा पानी पेट से बार-बार ऊपर आ रहा था, सो रो भी नहीं पा रही थी। बस, उबकाई आ रही थी और वह खाँसे जा रही थी। दिल धक-धक कर रहा था और मुँह से खारा थूक निकल रहा था। वह थी मदहोश, लेकिन उसकी सिसकियाँ रुक नहीं रही थीं। जालना ने उसे उलटा लिटाया और पीठ और पेट तक के हिस्से को ऐसे दबाया कि अन्दर का पानी एक झटके में बाहर हो गया।

जालना के हाथ अरफाना की पीठ और पेट पर लगते, उसने मानो मुँह से समुन्दर उगल दिया था। उसे इतना हल्का महसूस हो रहा था कि उसका दिल ही जानता था कि जो शरीर से बाहर निकला था, उससे एक झटके में उसका दिल और रूह, दोनों ही आजाद हो गई थी। सिर से पैर तक भीगी अरफाना जब पलटी तो जालना की गोद में थी। उसकी आँखों में जब सूरज की चमक पड़ी तो लगा, दुनिया में वह फिर से पैदा हो रही हो। इस वक्त जालना की आँखों से उसे कोई देख लेता तो समझ जाता कि गोद में लेटी अरफाना की खूबसूरती कैसे पिघल रही थी। चेहरे पर आ रही बालों की लटों से देह पर कमल खिल रहे थे और उन फूलों की खुशबू जालना की गोद से उसकी देह में उतर

रही थी मानो कोई सुन्दर-सी मछली आज जालना के जाल में खुद आई हो। अरफाना खूबसूरत कली-सी, छुई-मुई-सी दिख रही थी। उसे रोता देख जालना मुस्कराया फिर प्यार से एक हाथ अरफाना के चेहरे पर फेरा। कटे, खुरदरे और पत्थर जैसे हाथों की छुअन से अरफाना का रोम-रोम जैसे पिघल गया। देह पर असंख्य तारे खिल गए। लगा, मानो एक तितली उसके बदन को चूमती हुई गुजरी और देह को हरी-भरी बगिया बना गई। उसने जालना के दोनों हाथों को पकड़ा और चूमा, फिर शरमाते हुए धीरे-धीरे जालना की बाँहों में चली गई और लहरों की कल-कल आवाज में उलटती-पलटती रही और फिर उसमें समा गई।

प्यार का यह सिलसिला बढ़ता रहा और जिन्दगी रंग-बिरंगी हो गई। सालों बाद जालना-अरफाना की जिन्दगी में सायरा आई तो यही प्यार और बढ़ गया।

सायरा के आने के बाद अरफाना ने समुन्दर जाना तो छोड़ दिया, लेकिन मछली बेचने का सिलसिला कुछ समय बाद चल निकला। मछली बेचने के लिए जाने वाली अरफाना को अब जालना की जरूरत नहीं पड़ती थी। वह कई मछुआरनों के साथ जाती और अकेले ही सौदा कर आती। उसे पहले की तरह थकान भी नहीं होती थी। ऊपर से घर आकर बेटी सायरा का मुस्कराता चेहरा देखकर उसके कलेजे को ठंडक पड़ती और थकान पूरी उतर जाती।

इधर, जालना भी सायरा में खोया रहता। सायरा उसकी बरकत थी और बेटी के पैदा होने के बाद तो जालना का जाल और फैल गया, फल-फूल गया। उसने खुद की नाव भी ले ली और वह पहले

से खूब ज्यादा मछलियाँ पकड़ता, बेचता और मुनाफा कमाता। वह दूर-दूर समुन्दर में मछलियाँ खोजने निकलता और तीन-तीन, चार-चार दिन बाद लौटता। वह मछलियाँ उतारता और अरफाना कमर कसकर बाजार में बेचती। पैसा जरूरत के हिसाब से आ रहा था। कोई खींचतान नहीं थी और न मारा-मारी। यही दोनों की रोजमर्रा की जिन्दगी थी जो एक रवानगी में ढल रही थी। एक तरह से कोई नदी, जो हौले-हौले-सी सरक रही थी, जिसमें सुबहें काम पर निकल जातीं और रात बनकर घर लौट आतीं। लेकिन इस गुजर रही जिन्दगी में एक ठहराव भी पैर जमा रहा था। बहती हुई दुनिया थकान ओढ़ती-सी लगती थी मानो एक ऊबा हुआ ढर्रा फैल रहा हो। हमेशा वक्त से तेज भागने की फिराक में रहने वाले उस शहर की रफ्तार में डूबी सुबहें दोनों के बीच घड़ी के काँटे-सी सरकती थीं और शोर मचाती शामें उदासी लिये रात में चुप्पी ओढ़ गुम हो जाया करती थीं। दोनों में एक अजीब-सा फासला आकार ले रहा था, जिसमें प्यार से ज्यादा आदतें शुमार थीं और बातों से ज्यादा खामोशी।

सायरा आठ साल की हो रही थी और जालना-अरफाना की उम्र ढल रही थी। अरफाना के चेहरे की रौनक फीकी पड़ने लगी थी और जालना के चेहरे पर झुर्रियाँ गाढ़ी हो रही थीं। दिन मानो थक रहे थे। ऐसी ढल रही जिन्दगी जालना में एक बड़ा बदलाव भी ले आई थी और यह बदलाव उस खामोशी में छिपा था, जिसमें शामिल थी घर में लगातार दर्ज हो रही उसकी गुमशुदगी, जो धीरे-धीरे अरफाना और सायरा के दिल में भी खालीपन भर रही थी। बड़ी होती सायरा के हिस्से में अब्बू अब कम थे और अम्मी ज्यादा। अम्मी, जो कभी मछलियों के बीच से गुजरती नजर आती तो कभी बाजार से लौटती या फिर खाना

बनाती जबकि अब्बू केवल समुन्दर के होकर रह गए थे। वे मछलियाँ पकड़ने निकलते तो फिर हफ्तों नहीं लौटते या फिर लौटते भी तो उस अनजान शख्स की तरह, जिसके लिए अरफाना मानो गैर औरत रह गई हो और सायरा जाना-पहचाना-सा कोई चेहरा।

एक तरह से दोनों की अलग-अलग दुनिया बस चुकी थी—एक पानी की दुनिया और एक जमीन की। दोनों के छोर अलग थे। एक ही छत में होने के बावजूद मुलाकातें हफ्तों नहीं होतीं और जब मिलते नहीं तो बोलना भी कम ही होता।

एक तरह से जालना दुनिया के लिए दुनियादारी निभा रहा था और अरफाना उसकी एक ऐसी दुनिया सँभाल रही थी, जिसे दुनिया की हर औरत के लिए बनाया गया था।

चौथा किस्सा

दुख में डूबती वर्सोवा डोंगरी और ढहती हुई दुनिया से बाहर होता एक समय...

भरोसा
इश्क की दुनिया बचाए रखता है
विश्वास से भरे समय में
सबसे ज्यादा फलता-फूलता है प्यार
प्यार और भरोसे की दुनिया
हर समय में होती है
लेकिन
बिना विश्वास के
किसी समय में नहीं टिकती कोई भी दुनिया
प्यार और भरोसे का समय
रचता है अनगिनत दुनिया
और भरोसे के टूटते ही

हर समय में सबसे ज्यादा
बिखरती है इश्क की दुनिया...!

वह दौर 1985-86 का था। कह सकते हैं, 1985 नवम्बर के दिन थे। चुप्पी ओढ़े हुए बोझिल-से। लगता था, जिन्दगी मानो थम-सी गई थी। फासले दिलों को बाँट गए थे। अक्सर गुमशुदा रहने वाला जालना-अरफाना के दिल को भी खाली कर गया था। दोनों के बीच पसरती खामोशी में साँसें ले रहा एक हादसा जिन्दगी में अचानक ऐसा तूफान उठा लाया, जिसने सब कुछ तहस-नहस कर दिया। एक रोज हमेशा की तरह समुन्दर में मछली पकड़ने निकला जालना पीठ पीछे एक ऐसी उड़ती हुई खबर छोड़ गया जिसने अरफाना की रूह को ही दो फाड़ कर दिया। उसके दिल में अन्धड़ घुस आया। दिलो-दिमाग में कोहराम मच गया। हालत काटो तो खून नहीं जैसी थी। दिन में आँखों से आँसू रुकने का नाम नहीं ले रहे थे और रातें सन्न हो गई थीं। नींद गायब थी और दिन उजाड़-से हो गए थे। सारे काम ठप्प थे, जैसे सब खत्म हो चुका था। वह घंटों समुन्दर किनारे बैठे रहती और जालना का खुली आँखों से इन्तजार करती। तीन दिन तो जालना के इन्तजार में ऐसे कटे मानो पत्थर हो गई हो। चुप्पी होंठों पर नहीं, सीधे रूह पर बैठी थी, वह न कहीं बाहर गई और न ठीक से कुछ खाया-पिया। बेटी सायरा पूछती कि अम्मी क्यों रो रही हो तो ढह-ढल आँसू बहने लगते।

अरफाना सदमे में थी। खबर पक्की थी कि जालना दूसरा निकाह कर चुका था और दूसरे निकाह को दो साल हो गए थे। दूसरी औरत का नाम आशमा था और जालना को उससे एक लड़का भी था। शौहर

का किसी और से बँट जाने का खयाल उसके कलेजे को अन्दर से चीरकर रख देता था। दिल धक्क से रह जाता था, जब वह सोचती थी कि उसे बिना बताए उसका पति चोरी-चुपके किसी और से शादी कर चुका है और यहाँ तक कि उससे बच्चा भी है।

अरफाना को भरोसा नहीं हो रहा था कि जालना इतना बड़ा धोखा करेगा। उसके भरोसे को तार-तार कर देगा, जबकि उसका तो वजूद ही जालना के भरोसे था। जालना ने उस भरोसे को ही जिन्दगी से निकाल फेंका। अरफाना को तो अपने प्यार पर इतना भरोसा था कि जालना के इश्क और मोहब्बत की लोग मिसाल दिया करते थे। अरफाना जो कहती, वह जालना मान लेता और जालना जो कहता था, अरफाना आँख मूँदकर भरोसा करती थी। उसे याद है, कभी-कभार बस्ती में दूसरी औरत से उसके चक्कर की बातें जब दबे मुँह उड़ा करती थीं तो अरफाना उन बातों को एक कान से सुनकर दूसरे से निकाल देती थी, मुस्करा देती या टाल देती। कभी उन बातों को दिल में शक का काँटा न बनने दिया, लेकिन आज उसे समझ आ रहा था कि जालना समुन्दर में मछली पकड़ने के नाम पर जब कई दिनों तक नहीं लौटता था तो क्या गुल खिला रहा था?

अरफाना को रह-रहकर जालना से मनमुटाव और तकरार के दिन याद आ रहे थे। जब कभी-कभी आपसी खींचतान में जालना, अरफाना को दूसरे निकाह की धमकियाँ देता था तो अरफाना ध्यान नहीं देती थी और मीठी शिकायत समझकर मुस्कराकर कह देती थी—"अल्लाह सब देख रहा है। पहली बीवी का हुकूक अता कर पाओगे...?"

उसे आज यह इल्म हुआ कि जालना की वो धमकियाँ झूठी नहीं

थीं बल्कि सच थीं। उसकी बातें मियाँ-बीवी के आम झगड़ों की तरह नहीं थीं बल्कि एक ऐसा सच था, जिसे वह समझ ही नहीं पाई।

अरफाना को जालना के दूसरे निकाह की खबर पड़ोस की मछुआरन सुरेखा तामोरे ने बताई थी और सुरेखा को उसके पति दत्ता तामोरे से पता चला था, जब वह देर रात दारू पीकर गुस्से में धमकी देते हुए कह रहा था—"यदि तू अपनी हरकतों से बाज नहीं आई तो मैं भी जालना की तरह दूसरी शादी कर डालूँगा। फिर रोते रहना अकेले।" यही नहीं, उसने तो बाद में यह भी बताया था कि जालना का दूसरा निकाह उसने ही डोंगरी की रहने वाली आशमा नाम की औरत से करवाया था, ताकि जालना दूसरी औरत से बेटा पैदा करके खानदान को चिराग दे सके और उसे बुढ़ापे का सहारा मिल जाए।

सुरेखा की बातें सुनकर अरफाना के मन में आग लगी हुई थी, जबकि आठ साल की बेटी, सायरा का यह दुनियादारी से पहला सामना था, जालना के दूसरे निकाह की चर्चा पूरी वर्सोवा बस्ती में थी। यह चर्चा क्या थी जालना दूसरा निकाह कर चुका था और सुनने में आया था कि वह तो आशमा नाम की औरत को घर लाने की तैयारी कर रहा था। वर्सोवा से 30-35 किलोमीटर दूर डोंगरी में एक मछुआरन आशमा उसकी दूसरी जोरू थी। माशाअल्लाह रफीक नाम का लड़का भी था उसका दो साल का, भरे-पूरे बदन का।

उस रोज जब जालना घर लौटा तो वह बिलकुल वैसे आया था, जैसा हमेशा आता था। घर में सन्नाटा पसरा था। एक चुभती-सी खामोशी फैली थी। जालना को अन्दाजा नहीं था कि इस बार का

उसका घर लौटना कितने बड़े तूफान की आहट था। हालाँकि उसके घर पहुँचने से पहले ही उसके कानों में बहुत-सी बातें घुल चुकी थीं। जब वह दहलीज लाँघकर अन्दर आया तो अरफाना एक कोने में बैठी उसे देखती रही, फिर अचानक खड़ी हुई और फूट-फूटकर रोई और फिर फटती चली गई।

वह रोते हुए दोनों हाथों से छाती पीटते हुए चीखकर बोली—"अच्छा होता कि दूसरी औरत के घर से यहाँ लौटते ही नहीं। मेरी तो जिन्दगी में आग लगा दी सायरा तेरे अब्बू ने। जाने कौन रखैल के साये में फँसे हैं कि बेटी और बीवी को छोड़कर दो सालों से वहाँ मुँह मार रहे हैं।"

जालना को अन्दाजा नहीं था कि अरफाना इस कदर धाड़ मारकर चिल्लाएगी। वह कुछ कह पाता—अरफाना ने सायरा को अपने पास खींचा और चिल्लाते हुए बोली—"देख, तेरे अब्बू ने मेरे रहते तेरी दूसरी अम्मी ला छोड़ी है, सायरा। पता नहीं कौन रंडी है? औलाद भी है उससे, और अब ये हम दोनों को निकालकर उस औरत को यहाँ लाकर छोड़ेंगे। कसम है तुझे मेरी, सायरा। मैं देखती हूँ वह हरामजादी यहाँ कैसे आती है? वास्ता है खुदा का मुझे, तेरे अब्बू यदि उसे यहाँ लाए तो काटकर रख दूँगी उसे।"

अरफाना रो भी रही थी और चीखे भी जा रही थी। वह आपे से बाहर हो रही थी—फिर दोनों हाथ जालना की ओर दिखाते हुए बोली—"किसी हिन्दू मर्द से निकाह पढ़ती तो दुनिया खुशहाल होती मेरी। कम-से-कम यहाँ-वहाँ मुँह तो नहीं मारते और मारते भी हैं तो बीवी और हक के नाम पर घर तो नहीं उठा लाते।"

इधर जालना की हालत काटो तो खून नहीं जैसी थी। वह बस

चुपचाप सुन रहा था। वह बिफरती, बदहवास अरफाना को पकड़ने की कोशिश करते हुए बोल रहा था—"खामोश हो जा अरफाना। मैं समझाता हूँ तेरे को।" लेकिन अरफाना धाड़ें मार-मारकर रो रही थी। अरफाना की आवाज सुनकर घर की दहलीज पर औरतों, बच्चों और आसपास पड़ोस के लोगों की भीड़ इकट्ठी होनी शुरू हो गई। घर के दरवाजे पर भीड़ इकट्ठी देखकर जालना दरवाजा बन्द करने गया तो अरफाना फिर चीखी—"चौखट को बन्द करके क्या मिलेगा? अरे, सबको पता है क्या गुल खिला रहा था तू? देखने दो दुनिया को भी कि पहली औरत से बिना पूछे दूसरा निकाह करके कौन-से इस्लाम का हक अदा कर रहा था एक धोखेबाज।"

जालना सन्न था। उसने अरफाना का यह रूप कभी नहीं देखा था। उसकी जबान लड़खड़ा रही थी। वह कुछ कहना चाहता था, लेकिन जिस तरह से अरफाना चिल्ला रही थी, सफाई के लिए उसके पास कोई शब्द ही नहीं थे। जालना ने जिस राज को दो सालों से छिपाकर रखा था, उसके खुलने पर ऐसे हालात होंगे, इसका अन्दाजा नहीं था।

इधर, अरफाना जार-जार रोए और चिल्लाए जा रही थी; उसकी बातें ऐसी थीं कि जिसे सुनकर लगता था कि वही अब जालना को छोड़ देगी।

वह फिर चीखते हुए बोली—"अल्लाह की कसम है, सायरा—बिरादरी-मजहब ने औरतों के हकों को कितना मारा है, इसे तो खुदा ही जानता है। धोखेबाज होते हैं ये मर्द। अल्लाह जानता है, कुरान ने कभी औरतों को इतना मजबूर नहीं माना, जितना ये कमअक्ल मर्द कर रहे हैं।"

लेकिन अरफाना को इस तरह बिफरते-चिल्लाते देख जालना

आपे से बाहर हो रहा था। उसकी आँखों में शोले भड़क उठे थे, गुस्सा उसके दिमाग पर चढ़ने लगा और उसका उबाल उसके शरीर पर दिख रहा था। उसने आव देखा न ताव और एक जोरदार थप्पड़ अरफाना के गाल पर दे मारा, फिर तो न उसकी जुबान रुकी न हाथ। वह जितनी तेजी और ताकत से अरफाना के मुँह, पीठ, सिर पर घूँसे, तमाचों से मारता, उतनी ही तेजी-से उसकी जुबान चलती।

वह जोर-जोर के माँ-बहन की गालियाँ देता हुआ चिल्लाए जा रहा था—"हरामजादी, रंडी, कुतिया! शरम कर बेहया, दूसरा निकाह ही किया है करमजली जनाना, कोई गुनाह नहीं किया है मैंने। अरे, मुसलमान मर्द चार बीवियाँ रख सकता है, इसमें कुछ हर्ज नहीं, कोई कसूर नहीं। औलाद के तौर पर वारिस की चाहत में लड़के के लिए दूसरा निकाह जायज है। अल्लाह हक देता है अपने वारिस को दुनिया में लाने का। तेरे से तो सालों औलाद न हुई मेरी। बद्दुआ लगी है तेरी कोख को। तुझमें दम न था इतना, और औलाद के नाम पर ये एक और औरत जन दी तूने, जो पेट से निकलकर ही अमानत बन गई। यह भी चली जाएगी छोड़कर एक दिन मुझे। इस बोझ को क्या बुढ़ापे में ढोऊँगा मैं?

"अरे, लड़के के लिए ही निकाह किया है मैंने। तेरे से न मिला तो दूसरी औरत से हासिल कर लिया। गुनाह नहीं है ये कोई। और अब दिल-दिमाग खोलकर सुन ले—आशमा जोरू है मेरी। दूसरी बीवी रखना हक है मेरा। औरतों और मर्दों के फासले को समझ, हरामजादी। वह तो यहाँ भी आएगी और साथ भी रहेगी। अब तू दोजख में जा या जहन्नुम में।"

जालना को लगा था कि लगातार तमाचों, घूँसों से पिट रही

अरफाना मार खाने पर चुप हो जाएगी, लेकिन ऐसा बिलकुल न हुआ। लगातार हाथ चला रहे जालना पर अरफाना ने गुस्से में पलटवार किया और उसकी टोपी उछाल दी, बनियान फाड़ दी, उसे धक्का देकर झिंझोड़ दिया और पास ही पड़ा नाव का चप्पू उठाकर जालना पर तान दिया।

फिर सायरा को अपनी ओर खींचते हुए बोली—"अब हाथ न उठाना जालना, वरना तेरा सिर खोल दूँगी मैं। और मैं देखती हूँ तू कैसे लेकर आता है उस रंडी, हरामजादी को यहाँ? यदि हिम्मत है तो यहाँ से निकालकर दिखा मुझे।" अरफाना बदहवास-सी हो रही थी और बिफरती जा रही थी। वह बेपरवाह और बिना किसी डर के बस फट पड़ी थी। यह विस्फोट उसकी आत्मा में हुआ था।

वह चीखते हुए बोली—"और कमीने, तू मुझे समझा रहा है कुरान? अरे, तेरी सात पुश्तों ने न देखी होगी कुरान। मौलवी की बेटी हूँ, दीनी तालीम मुझे न सिखा, धोखेबाज। अरे खुदगर्ज, रोज-ए-महशर के दिन अल्लाह जब पूछेगा कि पहली बीवी का दिल दुखाकर दूसरा निकाह कैसे कर लिया तो क्या जवाब देगा? और दूसरे निकाह के लिए मेरी मर्जी पूछी तूने? बेगैरत, कुरान का हवाला देकर दूसरे निकाह को जायज ठहरा रहा है, तो क्या दूसरी बीवी को भी पहली के साथ एक ही घर में रखने का हक है तुझे? नामर्द, दूसरा निकाह तुझे जहन्नुम की आग में झोंक देगा। अरे गुनाह-ए-कबीरा का हकदार बनेगा तू। कैसे खुश रहेगा तू जब मैं दर्द में हूँ। याद रखना, मेरी माफी के बिना गुनाह-ए-कबीरा से तो तुझे अल्लाह पाक न आजाद करा पाएँगे। मेरा हुकूक मारकर उस औरत के हक को कैसे बचाएगा, जालना? थोड़ी तो शरम कर, अल्लाह से डर।"

अरफाना फूट-फूट कर रो रही थी और चिल्लाए जा रही थी। सायरा डर के मारे थर-थर काँप रही थी। अरफाना ने हाथ में रखा नाव का चप्पू गुस्से में जमीन पर फेंका और सायरा के सिर पर हाथ रखकर तेज आवाज में बोली—"तू जो बेटे के नाम पर वारिस और कुनबे का सिलसिला बढ़ाने के लिए गला फाड़ रहा है न, तो सुन ले कमअक्ल, इस्लाम को नवासों ने फैलाया है पोतों ने नहीं। अरे, बेटों और बेटियों में फर्क करने वाले, जब बेटियाँ पैदा होती हैं तो अल्लाह के यहाँ से नूर के दो फरिश्ते उतरते हैं। लड़की का मर्तबा तो नबी ने बेटों से ऊँचा रखा है तो तू है कौन? नवासों की शहादत याद कर, जालना। इस्लाम बेटियों की बरकत है, बेटों की नहीं और तू सिलसिला चलाने की बात कर रहा है?"

अरफाना की आँखें दहकते शोले-सी जल रही थीं। वह जालना को उँगली दिखाते हुए फिर चीखी—"खुदा की रहमत है सायरा कि तू मालेगाँव के कुएँ में नहीं पैदा हुई, तू समुन्दर की बेटी है बम्बई की। तू अपनी मर्जी से, अपनी पसन्द के मर्द से निकाह करना ऐसे मर्द के साये से भी दूर रहना जो धोखेबाज हो और बीवी से ही बेइमानी करता हो। आज देख ले तू भी, चार निकाह की दुहाई दे रहा है तेरा बाप। आज मुझे धोखा दिया है। देखना, कल उस आशमा को भी कहीं फेंक देगा। ये मर्द हैं, इनका भरोसा नहीं है। मेरे तो पैर की एड़ियाँ दिल में फट रही हैं। गलती कर गई मैं तो। यदि भाग गई होती उस हिन्दू लड़के के साथ तो यह मुँह न देखना होता। प्यार से ही रखता और रंडी के पास मुँह भी मारता तो उसकी औकात में रखकर घर तो न उठा लाता।"

गुस्साई अरफाना जाने पिछली जिन्दगी के कौन-से राज उगलती चली जा रही थी। उसकी आँखों में खून उतर आया था। सिर और

नाक से खून बह रहा था। बाल बिखरे हुए थे और साड़ी फटकर खुल चुकी थी। उस दिन चीखती-चिल्लाती अरफाना को रोकने के लिए जालना ने पहली बार हाथ उठाया था, लेकिन अरफाना तो जैसे ज्यादा विफरती चली गई थी।

घर पर हुए झगड़े को उस दिन पूरी वर्सोवा बस्ती ने देखा था। बाद में इस झगड़े को रेखा तामोरे और उसके आदमी ने ही बीच-बचाव कर रुकवाया था। जालना को लगा था कि मार खाकर, पिटकर अरफाना की कैंची जैसी चल रही जुबान बन्द हो जाएगी, लेकिन हालात उलट थे। जालना की दूसरी जोरू आशमा के आने का मतलब था, दो में से किसी एक का खून हो जाना।

इधर, बेटी सायरा अम्मी और अब्बू के इस झगड़े को देखकर रोए जा रही थी। जालना ने अरफाना का यह रूप कभी नहीं देखा था। वह सहम गई थी। इस झगड़े से उसके दिल में एक बात घर करती चली जा रही थी कि मर्द औरतों को ऐसे बदलते हैं, जैसे साल भर में कोई कपड़ा।

उस दिन जालना घर से बाहर गया तो फिर काफी दिनों तक नहीं लौटा जबकि मार खाकर, टूटी, बिखरी अरफाना की हालत उठने की भी नहीं थी। वह पड़ी रह गई और दिन भर रोती रही। दो दिन उसने न कुछ खाया, न घर से बाहर निकली। एक बार तो उसने हिम्मत भी जुटाई कि मालेगाँव खत लिखकर भाई को बुला ले और जालना से खुला के लिए कह दे, पर वह जानती थी कि औरतों का ससुराल छोड़कर जाने का मतलब क्या था? मायके में तो वह परायी थी और ससुराल से जाने के बाद यहाँ भी उसका कुछ न बचता।

हर औरत की यही तो नियति थी। औरतें सोचने को तो बहुत

कुछ सोच लेती हैं, लेकिन कुछ कर पाने के रास्ते उनके लिए बनाए ही नहीं गए। फिर औरतें भी तो खुद बेड़ियों के मोह में फँसी होती हैं। जिस आजादी का वे खयाल करती हैं, असल जिन्दगी में उसकी लड़ाई से भी उनकी रूह काँपती है और यदि वह कदम भी बढ़ाए तो समाज, हुक्मरान और मर्दों की यह दुनिया उसे दो कदम पीछे खींचकर उसकी औकात दिखा देते हैं।

अरफाना वैसे भी 1985 के उस दौर की शाहबानो नहीं थी, जो अपनी बूढ़ी हिम्मत से अपने पति को कोर्ट तक घसीट लाई थी और अदालत में जंग जीतकर आजाद हिन्दुस्तान में आजाद मुस्लिम औरतों का चेहरा बन रही थी बल्कि अरफाना को तो उसकी औकात उसके घर में ही पता चल गई थी, जब इस झगड़े के बाद धीरे-धीरे बहुत-सी दूसरी औरतें दिन-दिन भर उसे समझाने के लिए घर आतीं और उसके कानों में इस्लाम में मर्द के चार शादी करने के हक की दुहाई की बातें फूँकती रहतीं।

कोई बताता—जालना तुझे न छोड़ेगा। बस, उससे माफी माँग ले।

कोई कहता—दूसरी जोरू से मिला लड़का तेरी भी बुढ़ापे की लाठी बनेगा।

कोई बातें बनाता—मर्दों की तो जात ही दस जगह मुँह मारने की है। अच्छी बात है कि भाईजान घर से बाहर तो न निकाल रहे। खाना-खर्चा तो मिलता रहेगा यही रहमत है।

कोई तो यहाँ तक कह देता कि आशमा छोटी-सी लड़की है। यहीं तेरे पास आ जाएगी तो घर को सँभालने वाली मिल जाएगी। परिवार में आसरा ही बढ़ेगा।

टूटी हुई अरफाना को ये सारी ही बातें और तोड़ देतीं। उसका

दिल बैठता जाता। कई औरतें समझातीं कि बम्बई जैसे शहर में एक औरत के लिए वह भी तलाकशुदा मुस्लिम औरत के लिए जिन्दगी दर-ब-दर की ठोकरें खाकर ही गुजरती है। नौबत यह आ जाती है कि रखैल बनकर ही जिन्दगी बसर करनी होती है।

इधर, अरफाना जितनी अपने दुख से टूटी थी, उससे कहीं ज्यादा सायरा को देखकर बिखर रही थी। आठ साल की सायरा सहमी हुई थी। उसके दिल में अब्बू की तस्वीर ही बदल गई थी। यह उसके अब्बू थे ही नहीं। सायरा को समझ नहीं आ रहा था कि अम्मी-अब्बू के बीच यह दूसरी औरत अब कहाँ से आ गई थी और उस दूसरी औरत के बीच उसका वजूद कहाँ था? उसके दिलो-दिमाग में कई तरह के सवाल उमड़ते रहते और वह अकेले में बैठी रोया करती। वह सोचती कि उसकी खुशहाल जिन्दगी में आग लगाने वाली वह दूसरी औरत आशमा क्या अम्मी के साथ-साथ उसे भी अब्बा के घर से निकाल देगी? यदि अब्बा उस औरत के पास चले गए तो क्या फिर कभी नहीं लौटेंगे? नहीं लौटेंगे तो क्या वह अम्मी के पास होगी या अब्बू के साथ चली जाएगी? वह अब्बा के पास कितनी होगी और अम्मी के हिस्से कितनी आएगी? क्या अब्बा उसे और अम्मी को अब हमेशा के लिए छोड़ने वाले थे?

कई खयाल, कई बेचैनियाँ, कई शक, कई डर, अनगिनत दहशतें, उसके छोटे से दिल में धड़कती रहतीं। कभी चीखती-रोती अम्मी उसकी आँखों के सामने घूमती, तो कभी दहाड़ मारकर गरजते, बिफरते अब्बू उसकी अम्मी को मारते दिखाई देते। वह अपने अब्बू का यह रूप देखकर सहम जाती और उसकी आँखों में आँसू आ जाते।

एक ही आवाज उसके कानों में गूँजती रह जाती—"मर्द धोखेबाज होते हैं, सायरा।"

सायरा के दिल में अपने अब्बू के लिए नफरत घर करने लगी और अम्मी के लिए ढेर सारी हमदर्दी। यही नहीं, बीते दिन के दृश्य देखकर उसके दिल में लड़कों के प्रति एक गुस्सा और नफरत आकार लेने लगी, जिसका न कोई ओर था न छोर था, न कोई मायने थे। बस, शक्ल थी उसके बाप जालना की, जो धोखबाज था, जिसने उसकी अम्मी का दिल नोच लिया था।

बस्ती में भी तरह-तरह की बातें होती थीं और हर बात सायरा और अरफाना के कानों तक पहुँचती और दोनों का दिल डूबता चला जाता।

कोई बताता—जालना जल्द ही दूसरी औरत को घर लाने वाला है।

कोई हँसकर मुँह बनाता—जालना दोनों को घर से निकालने की तैयारी कर चुका है।

कोई कानाफूसी करता—अरफाना के दिमाग पर शाहबानो का भूत चढ़ा है। सो, वह अब खुला कर लेगी, तो कोई जालना के तलाक लेने की बातें फैलाता। किसी के मुँह पर आशमा के हुस्न की चर्चा थी तो कोई उसके बच्चे के हुलिए की बातें बनाता रहता।

कभी वर्सोवा बस्ती में मोहब्बत की मिसाल रहे इस जोड़े को लेकर हर डेल-दहलीज पर उनके जुदा होने की बातें ज्यादा थीं।

दिन तो बीत गए, लेकिन उस दिन के बाद अरफाना की जिन्दगी बदल गई। घर में एक चुप्पी पसरी हुई थी, जो अरफाना और जालना के रिश्तों में एक कुहासे की तरह छा चुकी थी। बातचीत का कोई कतरा भी अब कहीं नहीं था। दोनों एक उदासी में डूबे थे और घर एक खामोशी में सिमट रहा था। हालाँकि देश में उस समय एक शोर था। धरने-प्रदर्शन हो रहे थे। अरफाना-जालना का झगड़ा जहाँ घर की दहलीज नहीं लाँघ पाया था, वहीं शाहबानो और उसके शौहर का झगड़ा हिन्दू-मुस्लिम का साम्प्रदायिक रंग लेकर देश भर में तैर रहा था। एक ओर बम्बई मियाँ-बीवी के इस हाई प्रोफाइल झगड़े के बीच नरम-गरम थी। मस्जिदों, चौखटों और चौक-चौराहों पर चर्चा थी, तो वहीं दूसरी ओर दिल्ली 'तलाक-तलाक-तलाक' की घेराबन्दी में कैद हो चुकी थी।

इधर, चमकती बम्बई और रसूखदार दिल्ली से दूर वर्सोवा की उस बस्ती के छोटे-से कमरे में जिन्दगी घुट रही थी। अरफाना ने चुप्पी ओढ़ रखी और जालना ने घर में रहना छोड़ दिया था। वह उस झगड़े के बाद महीनों घर नहीं लौटता। अरफाना भी उसका इन्तजार नहीं करती थी। रिश्ता जैसे टूट गया था और उसका एक सिरा बस सायरा के रूप में कहीं अटका था।

अप्रैल 1986 तक आते-आते अरफाना समुन्दर भरकर खामोशी पी चुकी थी। उसकी खामोशी में उसकी टूटन थी, जिसे वह सायरा और अपने कामकाज में समेटती रहती। उसने अपनी जिन्दगी का दायरा भी समेट लिया था। घर में वह एक टूटा हुआ दिल थी, जिसके कई टुकड़े यहाँ-यहाँ बिखरे हुए थे। उसकी नियति यह थी कि न तो वह पूरी तरह

टूट सकती थी न बिखर सकती थी; न वह हारी हुई थी न जीती हुई। उसके हिस्से में कुछ नहीं था, ठीक वैसे ही जैसे उस दौर में हुई एक शाहबानो के हिस्से कुछ नहीं आया था।

अरफाना ने बिखरते दिल को थामने के लिए समुन्दर में मछली पकड़ने जाना शुरू कर दिया था। बस्ती के मछुआरों के साथ वह एक दिन की फेरी पर जाती और साथ में सायरा को भी ले जाती और शाम तक लौट आती। उधर, कई दिनों बाद जब कभी जालना घर आता तो चुपचाप पड़ा रहता और समुन्दर किनारे बीड़ियाँ फूँकता रहता।

समय गुजरता गया और सात साल बीत गए। वह 1992 का साल था जब टूटी हुई शाहबानो एक हारे हुए फैसले के साथ इतिहास में दफन हो चुकी थी, लेकिन अरफाना अपने हिस्से में इस कदर मजबूत हुई थी कि जालना अपनी दूसरी औरत आशमा को कभी घर नहीं ला पाया, न उसकी वैसी हिम्मत पड़ी। हालाँकि जालना-अरफाना के बीच अब एक ऐसी बड़ी खाई पैदा हो चुकी थी, जिसकी गहराई समुन्दर से भी गहरी थी और जो इन सात सालों में और चौड़ी व गहरी हो रही थी।

पाँचवाँ किस्सा

[illegible]

[illegible]

[illegible]

[illegible]

[illegible]

मन्दिरों-मस्जिदों में कैसे समाएगा दुनिया बनाने वाला?

दुनिया बनाने वाला हर दुनिया में उतना ही है
जितना हर दुनिया से बाहर है
ईश्वर हर समय से उतना ही बाहर है
जितना हर समय में व्याप्त है
जो देश, काल और परिस्थिति से बाहर है
वह मजहब में कैसे समाएगा?
मन्दिरों और मस्जिदों के घरौंदों में कैसे रहेगा
सारी दुनिया बनाने वाला
इतना बड़ा दुनियादार?

साल 1992 की शुरुआत थी। अरफाना और जालना का साथ रहना न रहना एक ही हो चुका था। कभी दिलो-जान से अरफाना को चाहने

वाला जालना बीते दो सालों में महज कुछ हफ्तों के लिए वर्सोवा रहा था। बाकी उसने अरफाना के पास आना छोड़ ही दिया था और डोंगरी ही पड़ा रहता था। बाद में जब उसने धीरे-धीरे वर्सोवा आना शुरू किया तो जैसे ही वह घर आता, अरफाना उसे जी भरकर गालियाँ देती, ताने मारती और बेदम होकर खरी-खोटी सुनाती, पर जालना इसका आदी हो चुका था।

जालना बूढ़ा हो रहा था और बीमार रहने लगा था, लेकिन बीमारी से ज्यादा वह बीड़ी और शराब में घुलने लगा था। न उससे कोई कुछ पूछता न वास्ता रखता था। उसकी देखभाल भी ठीक से नहीं होती थी। जब भी वह आता तो अरफाना खाना देती तो खा लेता, वरना नहीं। वह कमजोर हो रहा था। आँखें अन्दर धँस गई थीं और पैर व हाथ लकड़ी की तरह दिखाई देते थे। हफ्ते में एकाध बार मछली पकड़ने जाता भी तो शाम तक या फिर घंटों में लौट आता। घर लौटने पर वह बुरी तरह खाँसता रहता और अक्सर दो कमरे के उस मकान के बाहर खाट पर पड़ा रहता। समुन्दर की हवा उसे सहलाती और शराब का नशा उसकी आँखों में घुलता जाता और वह घंटों सोया रहता। वह इतनी शराब पीने लगा था कि उसे न तो कुछ सुनाई पड़ता न दिल पर कुछ लगता था। उसकी जिन्दगी में एक अकेलापन था और उस अकेलेपन में केवल समुन्दर था, जिसके साथ वह दिन-दोपहर और शाम रहा करता। उसकी दूसरी जोरू आशमा के लिए वह केवल महीने के महीने पैसे देने वाली मशीन भर था। जब पैसे नहीं पहुँचते तो उसका लड़का रफीक ही अपने अब्बा से पैसे लेने पहुँच जाता। जब जालना नहीं मिलता तो वह अरफाना को सन्देशा देकर चला जाता—"अब्बू आएँ तो उनसे पैसे लेकर रख लेना।" अरफाना उस लड़के को देखती तो उसका पारा

सातवें आसमान पर होता और पैसे से ज्यादा आशमा का नाम सुनकर उसकी छाती पर साँप लोटने लगते। वह मुँह बनाती और उसके लड़के के हाथ में 100 रुपए रखकर चिढ़ते हुए कहती—"अपनी माँ से बोल कि तेरा जहर भरा चेहरा यहाँ न भेजा करे बार-बार। ये पैसा पकड़ और दफा हो जा। अब मुँह न दिखाना यहाँ।"

इधर, आशमा को भी जालना से कुछ खास लेना-देना नहीं रह गया था। लोग बताते थे कि एक मर्द उसने भी पाल लिया था और उससे निकाह भी पढ़ चुकी थी, लेकिन जालना उसके लिए ऐसी मछली थी, जो जब तक जिन्दा थी, उसे मुनाफा ही देने वाली थी। जब जालना आशमा के यहाँ हफ्ते या महीने में पहुँचता तो आशमा उससे केवल पैसा लेती और खामोश बैठी रहती। न उससे खाने को पूछती न तबीयत-पानी। पैसे रख लेती और कुछ फरमाइशें थमाकर उसे विदा कर देती। कुछ साल पहले तक उसकी इच्छा थी कि जालना उससे बाकायदा निकाह कर कबूल करे, घर लाए और अरफाना सायरा को बाहर का रस्ता दिखाए, लेकिन यह सम्भव नहीं था।

आशमा जानती थी कि अरफाना के रहते आशमा न कभी वर्सोवा पहुँच पाएगी न बूढ़े जालना की इतनी हिम्मत होगी कि वह अपनी बगल में पहली औरत को हटाकर उसे सुला ले। इसी बहाने वह जालना पर पैसे का दबाव बनाकर उससे गहने, गाँठें और पैसा निकालती रहती।

उधर, अरफाना ने कभी अपना दो कमरों का घर नहीं छोड़ा। वह छोटी-सी दो कमरों की खोली में सायरा के साथ जमी रही और जालना से एक दूरी बनाकर उसने जालना को ही बाहर का रास्ता दिखा दिया था, लेकिन उसके दिल का एक हिस्सा आज भी जालना के लिए धड़कता था। वह उसकी हर जरूरत का खयाल रखती थी। पचास पार कर रहे

जालना को बीड़ी-शराब में घुलते और बेवक्त बूढ़ा होते देख अरफाना पीठ पीछे रोया करती। जब तक जालना घर रहता, वह उसका खाना और चाय बनाया करती। वह जालना के सामने कभी नहीं आती थी, लेकिन उससे बात करना चाहती थी, उसका खयाल रखना चाहती थी और सब कुछ भुलाकर आगे बढ़ जाना चाहती थी। बस, शर्त यही थी कि जालना आशमा को छोड़ दे, लेकिन ऐसा उसे कभी महसूस नहीं होता था। ऊपर से पैसे लेने के लिए जब वह आशमा के लड़के को देखती तो उसका खून खौलने लगता और जालना के नजदीक जाने में भी हिचकने लगती। उसकी आँखों में उसे केवल आशमा दिखाई देती थी।

रही-सही कसर पड़ोस की कई मछुआरनों ने पूरी कर दी थी जो उसके कानों में एक बात फूँकती रहती थीं—"यदि तूने लगाम छोड़ी तो आशमा घर में आ धमकेगी। जैसा है शौहर, आँखों के सामने रख। दिल पिघला तो तेरा वजूद ही पिघल जाएगा।"

जालना की बेटी सायरा भी बड़ी हो चुकी थी और वह भी अपने अब्बा से कम ही बात करती थी। अरफाना के कहने पर अब्बू को चाय, खाना वही देती थी। कई बार उसे अपने अब्बू पर तरस आता था और वह गाहे-बगाहे उनकी तबीयत के बारे में पूछती थी। यहाँ तक कि अब्बू को बीड़ी तक देती और अब्बू के कपड़े तक वह धो दिया करती थी। जालना भी कई बार समुन्दर में बेटी सायरा को लेकर दूर निकल जाता था और मछलियाँ पकड़कर पन्द्रह दिन की रोजी का इन्तजाम कर दिया करता था। बाप-बेटी में बात कम होती थी, लेकिन मोहब्बत का एक तार दोनों के दिलों में एक खूबसूरत संगीत पैदा करता था।

धीरे-धीरे जब जालना का मछली पकड़ने जाना बन्द हुआ तो सायरा ने मछली पकड़ने का हुनर बाप से हासिल कर लिया। वह कई

बार दत्ता तामोरे, जिसे वह 'दत्ता काका' कहती थी की बेटी पुष्पा के साथ जाती और टोकरे भर के मछलियाँ साथ लाती। जालना भी साथ जाता और बेटी को जाल फेंकते देख उसकी नसों में खून ज्यादा तेज चलने लगता।

सायरा को अपने अब्बू के साथ मछली पकड़ने समुन्दर में जाने पर अरफाना ने कभी कुछ नहीं कहा, लेकिन जालना के घर पर नहीं रहने के चलते उसने दूसरे मछुआरों से मछलियाँ खरीदकर बेचने का काम जरूर शुरू कर दिया था। मेहनत कम थी, लेकिन मुनाफा बँटने लगा था। जालना यह सब देखकर मन मसोसकर रह जाता। उसे मछलियाँ खरीदने से ज्यादा सीधे समुन्दर से पकड़ना पसन्द था, लेकिन अब वह समुन्दर और घर की दहलीज, दोनों से बाहर था।

घर की कमान अब अरफाना-सायरा के हाथों में थी।

छठा किस्सा

जब दुनिया रहने लायक होगी...!

इस दुनिया में एक जैसा कुछ नहीं होता
क्योंकि समय एक जैसा नहीं होता,
जिस दिन दुनिया एक-सी होगी,
उस दिन समय एक-सा हो जाएगा
और जब समय एक-सा हो जाएगा
तो दुनिया में
सब एक जैसे हो जाएँगे,
लेकिन क्या एक जैसी दुनिया रहने लायक होगी?
या एक जैसे हम
एक जैसी दुनिया को रहने लायक छोड़ेंगे?

साल 1992 का नवम्बर जा रहा था और जालना-अरफाना और सायरा की जिन्दगी में बहुत कुछ बदल गया था। रिश्तों के बीच एक सन्नाटा

तैर रहा था और दिलों में एक अनचाही चुप्पी। दुनिया को दिखाने के लिए घर एक था, लेकिन दिलों में तलवारें खिंची हुई थीं। चेहरे मुस्कराते दिखते थे, लेकिन बोलचाल नहीं थी। एक खिंचन थी जो तल्ख होकर अंगार बन रही थीं।

यही हाल देश का भी था। माहौल पहले जैसा नहीं था। शाहबानो के फैसले ने हिन्दू-मुस्लिमों के बीच एक तनाव भर दिया था। आरक्षण की आग में सड़कें जल रही थीं। मंडल की आग को शान्त करने कमंडल का सियासी रथ अयोध्या निकल पड़ा था। भगवान राम एक नारे में तब्दील हो रहे थे। हवा में एक तनाव था। एक साल पहले देश के युवा पीएम की देर रात की चुनावी सभा में निर्मम हत्या कर दी गई थी। सरकारें अस्थिर थीं। एक कोलाहल दिखाई देता था। एक धुँधलका, जिसमें चेहरे पहचाने नहीं जाते थे। एक खींचतान थी जो दिखाई नहीं देती थी, लेकिन इतनी थी कि दिल बिखर जाएँ, दिल इतने भारी थे कि जरा-सी आवाज से फट पड़ें, आवाजें थीं नहीं, लेकिन कानों को सुनाई देती थीं। मनमुटाव इतने बढ़ गए थे कि एक-दूसरे की आँखों से झाँकते थे। त्योहार बँट रहे थे और खुशियाँ कपड़ों में सिमटकर रह गई थीं। काम से ज्यादा आदमी के नाम की कीमत थी और नाम से ज्यादा पहचान दम रखती थी। कुल मिलाकर एक काली मनहूस छाया जो सालों से तैर रही थी, उसने लोगों की आपसदारियों, प्यार, मोहब्बत और खुशियों को अपने आगोश में लेना शुरू कर दिया था।

इसी मनहूसियत की मँडराती छाया के बीच दिसम्बर के मखमली दिन शुरू हुए थे। बम्बई न दिल्ली जैसी ठिठुरती थी न तपती थी। बारिश की खनखनाहट में यहाँ सारे मौसम तासीर बदल चुके थे। हल्की ठंड में डूबा शहर अपनी रफ्तार में था। समुन्दर शान्त था और जिन्दगी जैसी

भी थी, पटरी पर थी। सुबह आसमान में अजानें और अरदासें टकराती थीं। मन्दिरों की घंटियाँ दिशाओं को जगाती थीं, चर्च प्रार्थनाओं में डूबे थे, मस्जिदें नमाज में। घरों की खिड़कियों से कुकर की सीटियाँ सुबह-शाम आसमान सिर उठाती थीं। औरतें अपने पतियों और बच्चों के टिफिन भरकर उन्हें दफ्तर और स्कूल भेजती थीं। सुबह से काम पर गए लोग देर शाम तक घर लौट आते थे। लोकल ट्रेनें सरपट दौड़ी जा रही थीं और एक शहर अरब सागर की गोदी में सालों की तरह करवटें ले रहा था।

जालना की दुनिया दिसम्बर 1992 के इस महीने में 55 बरस की हो रही थी। उसकी दुनिया में एक सन्नाटा और उदासी थी। रिश्तों के बीच प्यार और मिठास गायब हो चुकी थी। मस्जिद की अजानें उसे खींचती थीं और जुमे का पूरा दिन इबादत में डूबता था। वह अब कभी वर्सोवा की मस्जिद में मिलता या फिर जोगेश्वरी की। जोगेश्वरी की मस्जिद में उसकी जुमे की नमाज होती और वर्सोवा की मस्जिद में बैठकी। वह सुबह निकल जाता और देर शाम तक लौटता। दिन ठंडे और उदास थे।

लेकिन दिसम्बर के पहले हफ्ते के कुछ ही दिन बीते थे कि गुलाबी ठंड की जगह उमस ने ले ली और धीरे-धीरे यह उमस तपिश में बदलती चली गई। कहने को मौसम ठंडा था, लेकिन लोगों के मिजाज गर्म थे। जालना ने जिन्दगी के 35 सालों में बम्बई के मिजाज को दिसम्बर महीने में इतना गर्म नहीं देखा था, जितना इस साल दिसम्बर 1992 में हो रहा था।

तनाव की छाया विकराल होती जा रही थी। सीधी-सी चल रही जिन्दगी अचानक घूमती चली गई। जिन बादलों के घिरकर

बरसने का अन्देशा था, वे बरस गए। उत्तर प्रदेश के अयोध्या में 6 दिसम्बर को बाबरी मस्जिद ढह गई। इस खबर ने बम्बई को और गर्म कर दिया। लगता ही नहीं था कि यह मखमली ठंड वाला महीना था। जालना मस्जिदों में नमाज के बाद की बातचीत में बाबरी मस्जिद और अयोध्या की बातें बीते एक महीने से सुनता आ रहा था। बोलने वाले बहुत कुछ बोलते थे और उससे भी कहते थे, लेकिन न कभी जालना ने उस मस्जिद के बारे में सुना था न दत्ता तामोरे ने, जिसके साथ वह अक्सर मस्जिद तक जाता था और उसी के कहने पर उसने दूसरा निकाह किया था। दोनों को न तो किसी बाबर नाम के आदमी का पता था और न यह पता था कि अयोध्या में कोई राम मन्दिर भी है।

जालना को बस इतना भर पता था कि एक मस्जिद अचानक से ढह गई। वह न कभी स्कूल गया था न जमीन की दुनिया से उसका कोई लेना-देना था। न अखबार, न सियासत उसके मोटे दिमाग में घुसते थे, लेकिन उसे समझ नहीं आ रहा था कि उसके लिए महज इस छोटी-सी खबर पर पूरे देश में हाहाकार क्यों मचा था?

एक बार उसने दत्ता तामोरे से कहा था—"पता नहीं क्या हो गया है शहर को? मस्जिद गिर गई या गिरा दी गई, क्या फर्क पड़ता है? वहाँ कौन जाता था? कौन-सी वहाँ पाँच वक्त की नमाज हो रही थी? गिरा भी दी गई है तो दूसरी जगह बना लो। यदि हिन्दू भाई की जमीन पर ही बनी है तो दूसरी जगह बना लो। उन्हें बनाने दो मन्दिर। इतना भी क्या बवाल हो गया?"

फिर हँसते हुए जालना ने दत्ता से कहा था—हम तो समुन्दर किनारे ही या फिर नाव में नमाज पढ़ लेते हैं। न भी पढ़ें तो कौन-सा

अल्लाह केवल हमारी ही नमाज सुनने के लिए बैठा रहता है।"

दत्ता उसकी बात सुनकर हँसा था, फिर मुस्कराते हुए बोला था—"सच कहा जालना, अयोध्या में राम मन्दिर के नारे आज ही सुने हैं। इससे पहले न तो मेरे बाबा को पता था कि वहाँ क्या था और न आज तक मुझे पता है वहाँ क्या है? अरे...! रामजी को देखने तो मैं कभी नासिक नहीं गया, तो जीवन में अयोध्या क्या जाऊँगा? रामजी वहाँ भले और हम लोग यहाँ।"

दत्ता की बात पर जवाब देते हुए जालना ने भी हँसकर बीड़ी सुलगाते हुए कहा था—"बात तो तू सही कह रहा है—हमारा तो जमीन से ही कम लेना-देना है। हम ठहरे समुन्दर के रहने वाले। कभी-कभार मस्जिद आ गए, मौलाना से मिल लिए तो मेहरबानी। बाकी काम-धन्धा पैसा-बरकत और जान की हिफाजत के लिए मन्दिर, मस्जिद इबादत करते घूमते हैं। मुझे तो नमाज भी ठीक से पढ़नी नहीं आती, जालना ने एक आँख दबाते हुए दत्ता को कहा था। जालना की बात सुन दत्ता ने कहा था, "इन मौलानाओं, मस्जिदों और पंडितों के चक्कर में न पड़ना, जालना। खुदा ही जानता है कि तूने कितनी नमाज पढ़ी है और मैंने कितनी पूजा-पाठ की है।"

दत्ता तामोरे की बात सुन जालना जोर-से हँसने लगा था, जबकि दत्ता भी खिलखिलाकर हँसा। उसका एक हाथ जेब में रखी बीड़ी टटोल रहा था जो उसने मुँह से लगाई थी। बाद में जालना और दत्ता, दोनों ने ही इस बारे में बात नहीं करने की सोची थी, लेकिन दत्ता के साथ जालना के दिल को बहला लेने से शहर तो बहलने से रहा था। बम्बई में दिसम्बर की ठंडक में तपिश बढ़ रही थी। हवा की नरमाहट गुम हो रही थी। जालना को लग रहा था कि इस बार बम्बई में कुछ झगड़ा-

फसाद न हो जाए। उसे कुछ महीनों से इसकी खबर थी। मस्जिदों की बैठकों में और हलचल में उसे इसका अन्देशा हो रहा था।

जालना मौलानाओं की जुबानों में तल्खी और तेवरों को महसूस करता था, लेकिन वे तेवर उसके दिल में नहीं उतरते थे। उसे इस बात का अहसास था कि मजहब की बातें घर में घुस जाएँ तो रिश्तों पर भारी पड़ती हैं। उसे इसका सबक मिला भी था। उसे याद था कि उलेमाओं और मौलाना की बातें सुन-सुनकर ही उसकी अरफाना उससे दूर हो गई थी। यदि वह अरफाना को गले लगाकर प्यार से समझाता और मजहब के कायदे की बात का ज्यादा हीला-हवाला न देता तो अरफाना आशमा को न केवल घर आने देती बल्कि रफीक को बेटे की तरह रखती और आशमा को डोंगरी भी रखता तो कोई एतराज न होता, लेकिन मामला कहा-सुनी और बहस में इतना बिगड़ जाएगा, उसे अन्दाजा नहीं था। अच्छा होता, घर बैठकर ही मसले को हल कर लेता। अब आशमा के यहाँ जाता तो हैं, लेकिन अरफाना का दिल दुखाकर। अब तो न उसे अरफाना मिली न आशमा। सायरा भी उससे कहाँ बात करती है? अब तो अल्लाह ही उसके गुनाहों का हिसाब करेगा।

जालना को इस बात का इल्म हो गया था कि मजहब जिन्दगी में तभी काम का है जब वह दिलों की बगिया को हरा-भरा रखे। मजहब को मानने से जीवन में मोहब्बत के फूल खिलें और हर आदमी जब खुदा की बन्दगी करे तो खुशियाँ हवा बनकर बहें, चेहरे की मुस्कराहटों से बच्चे-कुनबे महफूज रहें और दुआएँ दिन-रात लहलहाती रहें। जालना के लिए तो खुदा की इबादत का मतलब बस इतना था कि पैसा-धेला आता रहे, समुन्दर में जान बची रहे और आदमी भूखे पेट न सोए। न

उसे कोई आयत याद थी, न कलमा। बस, वह खुदा से यही माँगता था कि काम-धन्धा सही चले और हारी-बीमारी न लगे।

जालना जब तनाव और मनहूसियत की इस छाया में जुमे के दिन मस्जिद जाता तो मौलानाओं-नमाजियों से वह दूर से ही दुआ-सलाम करता था। बाबरी मस्जिद ढह जाने के बाद के सन्नाटे को उसने भी महसूस किया था। वह बम्बई पुलिस का मुखबिर भी था, लेकिन पहले जैसा नहीं। एक दिन अँधेरी थाने के हवलदार वसन्तराव सावे ने उसे मस्जिद जाते देखकर उस पूरे इलाके पर नजर रखने को कहा था, जहाँ मस्जिद में उसकी नमाज अदा होती थी। तब वसन्तराव को उसने हँसते हुए कहा था कि वह अब कहीं भी किसी पर भी नजर रखने लायक नहीं है क्योंकि उसकी बीवी अरफाना से धोखे के बाद वह खुद अपनी ही नजरों में गिर चुका है। अब तो वह खुद ही निगाहों में है और उस पर नजरें खुदा रखता है।

इधर, शहर एक अलग तरह के अँधेरे में प्रवेश कर रहा था। जालना ने वर्सोवा बस्ती से बाहर जाना ही बन्द कर दिया था। शहर में फैल रहा तनाव उसके दिलो-दिमाग में छाया हुआ था। वह 7 दिसम्बर की तारीख थी। पूरे देश में बाबरी मस्जिद ढहा दिए जाने कि ख़बरें अखबारों से होते हुए शहरों, गाँवों, कस्बों, गली-मोहल्लों, चौक-चौराहों में फैल रही थीं। एक परछाईं पूरे अमन को निगल जाना चाहती थी। बम्बई थमी-सी लग रही थी। शहर का मन काम-धन्धे में नहीं था। लोकल ट्रेनें शक और दहशत के बीच दौड़ रही थीं। दहशत को खुद जालना ने महसूस किया था। इशारों-इशारों में उसने अरफाना-सायरा को मछली बेचने और खरीदने के लिए भाऊ चा धक्का और स्टेशन की ओर जाने से मना किया था। अरफाना बातें समझ रही थी। मछुआरा

बस्ती में हलचल कम थी और समुन्दर में भी। एक साया हवा में आकार ले रहा था। इन्हीं दिनों के बीच वही हुआ, जिसका डर था। बम्बई में दंगे शुरू हो गए। इन दंगों की आग पहले चिंगारी बनी और बाद में दावानल बन गई।

जालना हमेशा की तरह जुमे की नमाज पढ़ने के लिए जोगेश्वरी मस्जिद जाने के लिए निकला था। दत्ता तामोरे ने उसे मना किया था, लेकिन वह नहीं माना। जब दत्ता ने उसे ज्यादा रोका तो उसने कहा था कि वह मस्जिद में नहीं बल्कि सीधे डोंगरी जाएगा और आशमा-रफीक को महफूज जगह रखेगा। उसने दत्ता से कहा था कि इस बात का पता अरफाना को न लगे वरना उसे अच्छा नहीं लगेगा। वह दुखी होगी, खींच-तान और तनाव मचेगा, जिसे वह नहीं चाहता।

उस रोज 11 तारीख थी। जालना दोपहर 12 बजे के बाद जुमे की नमाज के बहाने जोगेश्वरी गया था, जहाँ मस्जिद न जाकर उसने डोंगरी जाने के लिए लोकल ट्रेन पकड़ी थी, लेकिन उसके बाद न तो वह कभी डोंगरी पहुँचा, न कभी जोगेश्वरी आया, न वर्सोवा लौटा। वह फिर कभी किसी को न दिखाई दिया और न मिला। कोई नहीं जानता था, वह कहाँ था?

न वह जमीन पर था न समुन्दर में।

जालना बम्बई के इतिहास में डोंगरी और जोगेश्वरी के बीच कहीं गुम हो गया था, जहाँ कोई भी गुम हो सकता था। किसी राधाबाई चॉल में या किसी गांधी चॉल में। जालना की जिन्दगी में वर्सोवा और डोंगरी एक सच था और जोगेश्वरी एक भ्रम, जिसे बम्बई की उस दुनिया ने

रचा था जो बम्बई के एक नये समय को रच रही थी। चूँकि समय अलग था, इसलिए दुनिया अलग थी और जब दुनिया अलग थी तो जाहिर था, समय भी अलग ही था, जिसके अन्दर कई अलग-अलग दुनिया बसने वाली थी। लेकिन समय और दुनिया की कल्पनाओं में डोंगरी एक सच था, इसलिए वह कभी न भूला जाने वाला इतिहास बनने वाला था और वर्सोवा एक कहानी थी, जिसे वैसे ही भूल जाना था, जैसे एक दिन बम्बई कई सारे जालना को भूल जाने वाली थी।

दो माह बीत चुके थे। जालना एक कर्फ्यू में गुमशुदा और गायब शख्स था। पुलिस ने उसका नाम 1992 के बम्बई दंगों में गुम हुए लोगों की लिस्ट में शामिल किया था। साल 1992 का दिसम्बर अपनी मनहूसियत के साथ 1993 में प्रवेश कर गया था। जालना मोहम्मद आलम खाँ को न किसी ने ढूँढ़ा, न अरफाना और सायरा अपने अब्बू को खोजने के लिए मछुआरा बस्ती से बाहर आ पाईं। सायरा की आँखों में आखिरी बार उसके अब्बू केवल सोते हुए दर्ज हुए थे, जबकि अरफाना अपने जालना को कभी नहीं देख पाई।

अरफाना की आँखों में एक सन्नाटा और उदासी घर कर गई थी और उसमें जालना की यादें दफन हो गई थीं। उसे याद ही नहीं था कि अपने शौहर को उसने आखिरी बार कब देखा था? जब जालना कई दिनों तक नहीं लौटा तो अरफाना एक दिन फूट-फूटकर रोई थी। फिर समुन्दर किनारे जाकर अचानक चुप हो गई थी। बाद में उसकी ये चुप्पी पथरा गई और आँखों में समा गई। अक्सर रातों को उसे नींद नहीं आती और दोपहर को समुन्दर का सन्नाटा उसके दिल का खालीपन बन जाता।

देर रात जालना का चेहरा आँखों में घूमता रहता और सुबह होने लगती तो वह बाहर जाती कि कहीं जालना आकर खाट पर तो नहीं पड़ा है? उसकी सूनी आँखों में जालना का इन्तजार रहता। वह कई बार समुन्दर किनारे पड़ी नाव को देखती और जालना की आहट को महसूस करती। वह कई बार सायरा से कहती थी—"तेरे अब्बा दंगों में फँसे हुए हैं और वह आशमा के यहाँ हैं। जब सब ठीक हो जाएगा तो लौट आएँगे।" ऐसा पहली बार हो रहा था जब आशमा का नाम लेते वक्त अरफाना गुस्से में नहीं रहती थी। उसकी आँखों में शोले नहीं भड़कते थे और जालना के घर में आशमा के रहने की बात से उसका दिल नहीं जल रहा था। वह न चीख रही थी और न रो रही थी।

अपने अब्बा के आशमा के घर पर ही रहने की बात कुछ दिनों तक सायरा को सच भी लगती रही, लेकिन एक हफ्ते के अन्दर ही सायरा को दत्ता काका से पता चला था कि उसके अब्बा जोगेश्वरी मस्जिद में नमाज पढ़ने नहीं बल्कि अँधेरी स्टेशन से लोकल ट्रेन से डोंगरी पहुँचे थे ताकि आशमा और रफीक को महफूज रख सकें। डोंगरी पहुँचने पर वे कुछ दिन आशमा के घर भी रहे और उसे वर्सोवा लाना चाहते थे, लेकिन दंगों में तीनों ही मारे गए। न आशमा बची न रफीक। उनकी लाशें रेलवे स्टेशन के पीछे वाले नाले में तीन दिन तक पड़ी रहीं और बाद में पुलिस ने उन्हें कुछ दिन अस्पताल के मुर्दाघर में रखा और फिर कई और लाशों की तरह दफना दिया।

अपने अब्बू के डोंगरी जाने वाली बात को सायरा ने अपनी अम्मी अरफाना को कभी नहीं बताया जबकि अब्बा के दंगों में मारे जाने का राज उसने अपने दिल में हमेशा के लिए दफ्न कर लिया।

सातवाँ किस्सा

घायल दुनिया में डूबता-उतरता समय और इतिहास होते लोग

हर शहर एक इतिहास है
और हर शहर का इतिहास एक दुनिया
दुनिया के इतिहास में सारे शहर
आदमी के पेट में समा गए हैं
जहाँ दुनिया के पैदा होने से लेकर
आज तक का इतिहास
हर समय से पार होकर
भूख से लड़ता हुआ,
आज भी अपनी सही परिभाषा तलाश रहा है...!

1992 का साल जा चुका था और 1993 की फरवरी तक दंगों से झुलसी बम्बई का दिल जितना छलनी हुआ, उतना पहले कभी नहीं

हुआ था। हिन्दू-मुसलमानों की लाशें गिनना मुश्किल था। जहाँ देखो, वहीं इंसानियत लहूलुहान थी। देश मायूस था। बाबरी मस्जिद का ढाँचा अपने साथ सम्बन्धों की बुनियाद ढहाकर ले गया। जनवरी-फरवरी के दिन ऐसे ही कटे। दंगे खत्म तो हुए, लेकिन उसकी काली छाया जगह-जगह तैरती नजर आती। हर जगह पुलिस वालों के घेरे थे। सायरा-अरफाना के लिए दिन और मुश्किल भरे हो गए। एक तो धन्धे का समय नहीं था और बाहर डर इतना फैला हुआ था कि औरतों के लिए घर से बाहर की दुनिया मानो जंगल ही नजर आती थी। घर को सँभालना और पेट की आग का संकट था। महज 13 साल की सायरा। मछुआरा बस्ती में काम बहुत ढीला हो गया था। पुलिस की गश्त, बाजारों का जल्दी बन्द होना और कर्फ्यू की हवा ने शहर की कमर तोड़ दी थी। काम था, लेकिन धन्धे का माहौल नहीं था। राशन-पानी के लाले थे। मुर्गियों के अंडे और ऑमलेट खा-खा कर जिन्दगी चल रही थी। मछलियाँ बेचने से ज्यादा खाने के काम आ रही थीं। सायरा कभी-कभार आस-पड़ोस की बिल्डिंगों में या फिर जैसे-तैसे अँधेरी, वर्सोवा या दहिसर के बाजार में मछलियाँ बेच आती, लेकिन कोई खास दाम नहीं मिलते थे। दत्ता काका मदद करते रहते थे। गफलतों-उलझनों के बीच समय कट रहा था।

दंगों के तनाव और दहशत से गुजर रही बम्बई के घाव तो केवल वक्त ही भर सकता था। लगने भी लगा था कि जिन्दगी अब पटरी पर लौटने जा रही है, लेकिन ऐसा हुआ नहीं। मार्च का महीना भारत के समुन्दर किनारे बसे शहर में एक काली छाया लेकर आया। अचानक से एक गुबार उठा और सब कुछ ढह गया। बम्बई फिर दहल गई। 12 मार्च, 1992 को बम्बई में बम धमाके हुए। शहर दहल गया और

उसकी धड़कन एक बार फिर थम गई। 250 से ज्यादा लोग मारे गए। दंगों से कराह रही बम्बई के लिए ये धमाके उसे सालों पीछे ले जाने और दहशत से भर देने वाले थे। हिन्दू-मुस्लिमों के बीच खाई और बढ़ी। इन धमाकों में डोंगरी के रहने वाले किसी दाऊद इब्राहिम कास्कर और बम्बई के ही कुछ लोगों का हाथ माना जा रहा था। गलियों-गलियों में चर्चा थी कि मुसलमान अब भरोसे के लायक नहीं रहे।

लोग कहते थे—जिस शहर में पले, उसे ही जला दिया। चर्चा थी कि दाऊद पाकिस्तान भाग चुका था जबकि डोंगरी में लगातार छापे पड़ रहे थे।

डोंगरी तीन तरह से बदनाम था। एक दंगों के लिए, दूसरे बम्बई धमाकों के गुनहगार दाऊद इब्राहिम के ठिकाने के लिए और तीसरा जालना की आशमा और अरफाना की सौत के लिए, जिसका नाम सुनते ही उसकी छाती पर साँप लोटते थे क्योंकि डोंगरी ने ही उसकी जिन्दगी में आग लगाई थी।

अरफाना और सायरा की जिन्दगी में छह से आठ महीनों का समय ऐसे ही बीता और फिर धीरे-धीरे जिन्दगी पटरी पर लौटने लगी। एक दिन पटरियों पर दौड़ती इसी बम्बई ने ऐसी रफ्तार पकड़ी कि अरफाना-सायरा की जिन्दगी को अतीत की काली छाया से दूर पन्द्रह साल आगे धकेल दिया। समय से दूर एक अलग दुनिया में। माँ और बेटी के लिए यह एक नई बम्बई थी, जहाँ कॉलोनियाँ, गलियाँ, मोहल्ले और दिल बँटे हुए थे और जो कुछ साल बाद, यानी कि 2002 के बाद और बँट गए। शहर वैसा नहीं था जैसा कभी हुआ करता था। यहाँ कई दुनिया थी और कई समय थे जो अपने अपने हिस्से की साँसें ले रहे थे। अरफाना बूढ़ी हो रही थी जबकि अपने अम्मी-अब्बू के झगड़े में

दुनियादारी समझती 8 साल की सायरा अब 21 साल की हो रही थी। यह साल 2005 का दिसम्बर था जब माँ और बेटी मछली पकड़ने से ज्यादा बेचने का काम कर रही थीं। छोटे-से घर की पूरी कमान सायरा के हाथों में थी। इक्कीस पार कर रही सायरा घर सँभालना चाहती थी जबकि पचपन की हो रही अरफाना उसका घर बसाना चाहती थी।

बीते कुछ सालों में बिना बाप के रह रही सायरा अपनी अम्मी अरफाना के साथ मछुआरों की दुनिया और मच्छी बेचने के धन्धे के सारे गुर सीख गई थी। वह चंचल और बिन्दास थी। मौज-मस्ती करने से लेकर घूमने-फिरने की शौकीन थी। उसकी जुबान अरफाना से ज्यादा तेज थी। वह जितनी तेजी से मराठी बोलती थी, उतनी सफाई से हिन्दी भी। उसके कसे, करीने से तराशे बदन की चाल में चुस्ती और रफ्तार थी। गेहुँआ रंग, तीखी नाक, गालों में पड़ते डिम्पल, सुन्दर होंठ और खुदा की फुरसत से बना उसका चेहरा किसी मत्स्य कन्या से कम नहीं था। बस्ती के लड़के उसे देखते तो देखते ही रह जाते और किसी पर सायरा की निगाह पड़ जाए तो उसकी आँखों में स्वप्न परियाँ डेरा डाल देतीं और फिर तो उसे सायरा के नाम का मोतियाबिन्द ही हो जाता।

सायरा हँसमुख लड़की थी। वह किसी सुन्दर और चपल मछली की तरह इस दुनिया को पार कर जाना चाहती थी। किसी तरह की बन्दिश उसे वैसे ही पसन्द नहीं थी जैसे मछलियों को जाल। मर्दों की फितरत को वैसे भाँपती थी जैसे कोई चालबाज मछली जाल फेंकने वाली नाव की आहट को। वह माँ अरफाना और बाप जालना से हर कदम में आगे थी। जालना जैसी तेज-तर्रार नजर और फुर्ती उसे रफ्तार देती थी, तो अरफाना की जुबान उसके अन्दर उतरकर कैंची ही बन गई थी।

अरफाना ने उसे किसी मालेगाँव में बहने वाली शान्त बहती नदी नहीं, बल्कि मुम्बई की उछलती-उफनती लहरों की तरह बनाया था। समुन्दर का शोर उसके दिल में हिलोरें मारा करता था। पढ़ाई-लिखाई के नाम पर अरफाना ने उसका नाम बहुत देर से चॉल के पास ही एक सरकारी स्कूल में लिखाया था, लेकिन 9वीं क्लास के बाद उसका मन पढ़ने में नहीं था। उसके पैर स्कूल में टिकते भी नहीं थे। फिल्मों की वह दीवानी थी, जहाँ माधुरी की अदाएँ उसे अच्छी लगती थीं तो सलमान से उसे मोहब्बत थी। मुम्बई में उसका संडे मछुआरा कॉलोनी की लड़कियों के साथ बैंड स्टैंड और अली बाग से लेकर मरीन ड्राइव में से कहीं एक जगह बीतता था। कोल्हीवाड़ा का हर मछुआरा उसे जानता था और वह हर घर को जानती थी। घर-गृहस्थी एक तरह से उसने ही सँभाली थी क्योंकि बूढ़ी होती अरफाना के साथ जा-जाकर उसे धन्धे के सारे हथकंडे पता चल गए थे।

मछली लेकर बाजार में बेचने का काम वह रोजाना करती थी, जोकि अरफाना के जमाने से ही आसान नहीं था। बहुत मेहनत और मशक्कत थी। सायरा कई बार फिश स्टोरेज से माल खरीदती थी और उसे कभी जुहू या अँधेरी, कभी दहिसर या खार तो कभी माहिम में बेच देती थी जबकि कई दफे मौका लगते ही दादर और बॉम्बे के अन्य मच्छी बाजार भी चक्कर लगा लेती थी। कई बार मछली बेचने और खरीदने के इरादे से वह भाऊ चा धक्का यानी की मझगाँव भी जाती थी। बहुत मेहनत के बाद भी मुनाफा कम ही था, फिर माल चाहे पॉपलेट हो, प्रॉन हो, माँदेली हो, बॉम्बे डक हो, बागड़ा हो, ट्यूना हो, घोंघा हो या फिर केकड़े या बांबिल, क्या फर्क पड़ता? सायरा के हिस्से केवल हम्माली ही रह जाती थी।

धन्धे में मार-काट कम नहीं थी। साथ वाले तो औने-पौने दाम में बेचकर निकल जाते, ऐसे भाव कि उसकी वह कल्पना तक नहीं कर सकती थी। हालाँकि कोलाबा और भाऊ चा धक्का से मछलियाँ खरीदकर वर्सोवा और अँधेरी के बाजार में बेच देना मुनाफे का धन्धा था, लेकिन इतनी मेहनत का काम था कि पूछो मत। बहुत ज्यादा ही उठा-पटक थी, वह भी एक लड़की के लिए। उसे हफ्ते में एक या दो बार सुबह 6 बजे तक पहुँचना पड़ता था यानी कि वहाँ निकलने के लिए देर रात से ही तैयारी करनी पड़ती थी और सुबह की पहली लोकल पकड़कर भाऊ चा धक्का जाकर मछलियाँ खरीदकर लाना होता था। फिर सुबह ट्रेनों में भीड़-भाड़ भी रहती थी और पैर रखने की जगह नहीं रहती थी। वह साथी मछुआरनों के साथ जैसे-तैसे मछली का टोकरा लेकर चढ़ती और फिर मच्छी बाजारों में माल खपाने के लिए मारा-मारी करती। दिन भर की इस मशक्कत के बाद सायरा के पास दिन के दो सौ-तीन सौ रुपये तक आते थे और जिसमें से आधा मछली का भाव होता था यानी कि कभी-कभार मछलियाँ पकड़ने वालों का हिस्सा। ऊपर से ग्राहक मछलियों के दाम भी ऐसे लगाते थे कि बोलते शर्म नहीं आती थी। किसी-किसी दिन हजार रुपए के माल पर दो सौ-ढाई सौ रुपये ही ऊपर आ पाते थे, क्योंकि ज्यादा थक जाती तो जाना ही मुश्किल होता, फिर माल पड़े-पड़े खराब हो तो उससे अच्छा होता जिस कीमत पर खरीदा गया हो, उसी दाम पर बेचकर मुक्ति पा ली जाए। मुश्किल यह भी थी कि सुबह जाने पर कितनी ही भूख मारो, चाय और वड़ा पाव के 10 से 15 रुपए तो लग ही जाते थे और फिर ये भी बचाएँ तो भूखे पेट चक्कर आ जाना आम बात थी।

सायरा पहले अम्मी के साथ जाती तो अरफाना चार रोटी बाँधकर लाती थी और भाऊ चा धक्का से निकलने से पहले दोनों खा लिया करती थीं। एक दफे तो स्टेशन पर पटरी पार करते हुए सायरा को चक्कर आ गए थे। सिर घूम गया था और पूरी की पूरी मछलियाँ गिर गई थीं। वह तो शुक्र था कि सामने से कोई ट्रेन नहीं आ रही थी वरना पाँच सौ का नुकसान कैसे भरती? उस दिन उसने फटाफट सारी की सारी उठाकर भर ली और चलती बनी, लेकिन उसके बाद उसने तौबा बाँध ली थी कि पहले अल्लाह का दिया पेट भरेगी, उसके बाद दुनिया की बनाई जेब। पर जेब में पैसा भी उतना कहाँ आ पाता था? मछली वालों से उसका झगड़ा पैसे को लेकर ही होता था। उधारी पर चलते धन्धे में मछुआरों को लगता था कि मच्छी बेचने जा रही औरतें पैसे कम देती हैं और ग्राहकों को ऊँचे दामों में बेच देती हैं। यह शक एक फितरत थी। इसी शक से कहा-सुनी होती, जो आमतौर पर रोजाना का हिस्सा रहती।

एक बार बिट्टन पागधरे और सायरा का झगड़ा पूरी मछुआरा बस्ती में महीनों गूँजता रहा। सायरा तो उसे चप्पल उठाकर बस धोने वाली थी। वह तो उम्र का लिहाज मान गई, वरना बिट्टन का पिटना तय था। हालाँकि सायरा की कैंची जैसी जुबान ने उस दिन 45 साल के अधेड़ बिट्टन को जो सुनाया था, उसे सुन-सुनकर आदमी क्या, औरतें भी महीनों हँसती रहीं और चटखारे लेती रही थीं।

बात कुछ खास नहीं थी। माल खरीदते हुए अक्सर सायरा की उधार-पावती चलती रहती थी। मई का महीना था यानी कि इस धन्धे का ऑफ सीजन। सायरा ने बिट्टन से 1,500 का माल उधार लिया था। काफी हाथ-पैर मारने के बावजूद सायरा का धन्धा कम हुआ था और माल भी

बच गया था। ऊपर से उस दिन लौटते वक्त एक अधेड़ आदमी ने उसकी छाती पर हाथ फेर दिया था। सो, गुस्साई सायरा ने उसे चलती ट्रेन में बाल पकड़कर धुन दिया था और उसका शर्ट फाड़ दिया था। वह तो गनीमत थी कि वह माहिम उतरकर जो भागा कि हाथ नहीं आया, लेकिन इस घटना ने सायरा का भेजा सरका दिया था और पारा चढ़ा दिया था।

सायरा उस दिन पसीने से तर-बतर बस्ती पहुँची ही थी कि बिट्टन पैसे का तगादा लगाने घर आ धमका और अम्मी के सामने पैसे माँगते हुए बेवजह की बक-बक करने लगा—"पैसा देने की नीयत न हो तो बोलो! तीन महीने से चक्कर काट रहा है मैं। पैसा दबाकर दूसरे को हलकट समझना छोड़ दो अब...!" उस दिन थक-हारकर सुस्ता रही सायरा के कानों में ये शब्द पत्थर की तरह पड़े। बस, फिर क्या था? इससे पहले कि बिट्टन की जुबान रुकती, सायरा दहाड़ पड़ी—पहले उसने बिट्टन के ऊपर 250 रुपए फेंके और गुस्से में बोली—"अरे ए बिट्टन तिचा मायला! तुझे पैशे घेऊन पलायशी न्हाय मी जास्ती बोलतो का और तू ज्यादा नीयत की बात मत कर। तेरा पैसा लेकर भागेंगे नहीं।" उसकी बात सुनते ही बिट्टन ने पलटकर जवाब दिया—"ऐ पोरी, थोबाड़ नको चलावू, आणि असे पैसे फेकायचे नाय, कड़ाले ना...? तुझी न्हाय, पण माझी इज्जत हाय इथ।" (ऐ लड़की, ज्यादा जुबान मत चला और पैसा फेंककर मत दे, इज्जत है मेरी)

बस, इतना कहना भर था कि सायरा का रहा-सहा दिमाग भी खिसक गया—वह बिट्टन भाऊ के पास पैर से चप्पल निकालती हुई लपकी और ऊँची आवाज में बोली—"इतनी ही शान पट्टी समझ आ रही है तो तू ही बेच आ ना।" सायरा के हाथों में चप्पल देखकर बिट्टन पागधरे की सिट्टी-पिट्टी गुम हो गई थी। वह फिर चीखते हुए

बोली—"साले, मेरी नीयत की बात करता है बुड्ढे हरामी। तेरी औरत को बताऊँ क्या तेरे जैसे आदमियों की नीयत? तुझे क्या पता, इधर ट्रेन में भीड़-भाड़ में कौन-कौन, कहाँ-कहाँ हाथ लगाता है? तेरी मच्छी के दाम के चक्कर में औरतों की इज्जत उड़ा दे रेले हैं कुतरया लोग। कल से तेरी मच्छी बेचेगी नहीं बाजार में मैं। तेरे हिसाब से मनमाफिक पैसे के लिए घंटों खड़े रहकर ग्राहिक तलाशेंगे न, तो सुबह से रात वहीं बीत जाएगी। जितना जल्दी हो, अब फूट यहाँ से। जास्ती देर रुका न तो तेरी लुंगी में घुसा दूँगी सारी मच्छी। पैसा जब आएगा तब दूँगी तेरे को।"

सायरा का यह रूप देखकर बिट्टन पागधरे की हालत टाइट थी और उसकी घिग्घी बँध गई थी। 30 सालों से मच्छी के धन्धे का खिलाड़ी बिट्टन उस दिन मुँह लटकाए वहाँ से खिसक लिया। उस दिन कई औरतें और आदमी बिट्टन पर हँस रहे थे। सायरा के इस तेज-तर्रार अन्दाज ने उसकी अकड़ ढीली कर दी थी। कई मछुआरे तो मन-ही-मन खुश हो रहे थे कि चलो, कोई तो है ऐसे टेढ़े आदमी को सीधा कर सके।

सायरा रोजाना कभी स्टोरेज से तो कभी मछुआरों से तो कभी बिचौलियों से मछलियाँ खरीदती और उसे कभी वर्सोवा की मच्छी मार्केट, कभी दहिसर के, कभी जुहू के, कभी जोगेश्वरी के, कभी बान्द्रा, माहिम तो कभी दादर या फिर भाऊ चा धक्का जाकर बेचकर आती थी। साउथ बॉम्बे तरफ जाती तो अँधेरी स्टेशन तक के लिए ऑटो से जाती थी और वहीं से लौटती थी। उसके साथ में दो से तीन मछुआरन, बीना, अमीना और कभी-कभार दत्ता काका की लड़की पुष्पा रहती।

सायरा इन दिनों ज्यादा मुनाफे और कमाई के लिए भाऊ चा धक्का से माल ला रही थी। सुबह चार बजे से ही वह ऑटो तलाशती

थी और स्टेशन पहुँचकर लोकल ट्रेन से बॉम्बे पहुँचती थी। रोज का 30 रुपए का खर्च था। ऑटो से स्टेशन तक आने-जाने का 60 रुपए। ऑटो वाला कोई बँधा नहीं था, लेकिन उसे लगने लगा था कि अब एक ऑटो वाला महीने के पैसे पर बाँध लिया जाए, जिससे कम-से-कम इतनी सुबह ऑटो ढूँढ़ने और पहुँचने का राड़ा खत्म हो जाए, पर यह आसान कहाँ था? ऑटो वालों के अपने नाटक थे। सुबह-सुबह उठकर सायरा और दूसरी मछुआरनों के लिए ऑटो ढूँढ़ना यानी रोज की बरात के लिए घोड़ा ढूँढ़ने जैसा था। यही सबसे बड़ी सुबह की झंझट थी। ये ऐसी झंझट थी जो रोज होती थी। अमूमन नया ऑटो वाला ही होता जो आने को राजी होता। फिर वह जैसे ही लौटते में मच्छी के टोकरे देखता, दूसरे दिन गायब हो जाता।

वह साल 2005 का नवम्बर महीना था और मुम्बई में हल्की ठंड थी। सुबह उठना मुश्किल होता था, लेकिन रोजी की खातिर मुम्बई कहाँ रुकती थी? सायरा और दत्ता काका की लड़की पुष्पा ने देर शाम ही पॉपलेट, झींगे, माँदली, प्रॉन और दूसरी मिक्स मछली के एक-एक टोकरे स्टोरेज से खरीद लिये थे, ताकि सुबह भाऊ चा धक्का में जाकर बेच भी दें और वहाँ से सस्ता माल लेकर भी आ जाएँ। उस दिन सुबह जब वह बस्ती से बाहर आई तो ऑटो ढूँढ़ने लगी कि तभी उसे दूर से एक ऑटो वाला आता दिखाई दिया। सायरा ने हाथ दिया तो रुक गया।

ऑटो देखते ही सायरा बोली—स्टेशन चलेगा क्या?

हाँ, चलेंगे न—सुबह की नेकी और पूछ पूछ?—अन्दर से ऑटो वाले ने जवाब दिया।

सायरा उसे देखकर मुस्करा दी और ताना मारते हुए बोली—ओए सुबह की शायरी—दो लोग हैं। कित्ता भाड़ा लेंगा, बोल।

ऑटो वाला मुस्कराते हुए बोला—50 रुपए।

50 रुपएऽऽऽ...! सायरा ने रुपए की ऐसी तान मारी कि ताना ही लगने लगा—फिर मुस्कराते हुए ऑटो वाले से बोली—"हे कोणाचा लग्न आहे का? 50 रुपए जास्ती न होत का? (अबे, किसी की शादी है क्या जो 50 रुपए माँग रहा है।)

ऑटो वाला बाहर गर्दन निकालकर चिढ़ते हुए बोला—मला पण माइत है, पर पण तुमची हे मच्छी चे टोकरे चा काए करणार। (मेरे को भी पता है, लेकिन ये तुम्हारी मच्छी के पैसे कौन देगा) इसका पैसा कौन देगा? सुबह-सुबह मच्छी की बास तुमको परवड़ता होगा, हमको नहीं। ऑटो धोना पड़ेगा मेरे को।

सायरा को अन्दाजा नहीं था कि गोरा-चिट्टा, माथे पर लाल रंग का टीका लगाए सुन्दर-सा दिखाई दे रहा लड़का तपाक-से मराठी में ही उसे ऐसे जवाब देगा। यही नहीं, उसने अमीना को देखकर ताड़ लिया था कि दोनों लड़कियाँ मछली का टोकरा लिये हैं और अँधेरी स्टेशन तक जाएँगी।

ऑटो धोना पड़ेगा तो चलाता काय को है? पीठ पर लादकर घूम ना।

सायरा का जवाब सुनकर ऑटो वाला हक्का-बक्का था। वह चिढ़ते हुए बोला—ऑटो है, मच्छी का टोकरा नहीं कि सिर पर लादकर घूमूँगा। जास्ती टाइम खोटी नहीं करने का। भाड़ा परवड़ता है तो बोल।

वह कुछ जवाब दे पाता, सायरा तपाक-से बोली—50 नको रे बाबा। 30 रुपए ले ले।

ऑटो वाला भी तपाक से सायरा को जवाब देते हुए बोला—"कोणाचा लग्न आहे का 30 रुपए? 40 दे और बैठ जा।"

इस बार सायरा ने ऑटो वाले से कुछ नहीं कहा—वह ऐसी हाजिर-जवाबी पर अवाक् थी। पुष्पा ने आँख से इशारा किया और उसने अन्दर बैठने में ही भलाई समझी। पहले अपना टोकरा उठाकर अन्दर किया और धप्प-से जाकर बैठ गई। फिर इशारों से अमीना को अन्दर आने को कहा और तीनों स्टेशन पहुँच गईं।

आठवाँ किस्सा

प्यार की दुनिया हर समय से पार

जब हम प्यार करते हैं
तो इस दुनिया से पार हो जाते हैं
और जब इस दुनिया से पार होते हैं
तो हर समय से बाहर होते हैं।
प्यार हर समय में है और हर समय प्यार में है।
हर दौर ए दुनिया इश्क से बनी है
हर तरह की दुनियादारी मोहब्बत से चली है
प्रेम से बाहर न समय था
न कोई दुनिया...!

राघव प्रसाद यादव यानी दादर स्टेशन पर खड़े रहने वाले रघु और सायरा जालना आलम मोहम्मद की ये पहली मुलाकात थी जो धीरे-धीरे बढ़ती चली गई। सायरा-पुष्पा को रघु सुबह 3.30 बजे बस्ती के बाहर

मिलता और 40 रुपए में स्टेशन छोड़ता। ऐसा हफ्ते में तीन दिन तक चला और बाद में सायरा और दूसरी मुछआरनों ने उसे 950 रुपए महीने के हिसाब से बाँध लिया।

रघु प्रसाद कई बार लौटते समय भी सायरा को मिला करता। दोनों के बीच मुलाकातें वर्सोवा, कोल्हीवाड़ा, स्टेशन और ऑटो में हुआ करतीं, लेकिन बातें दुनिया-जहान की होतीं। सायरा की जुबान यदि कैंची थी तो रघु प्रसाद की आरी से कम नहीं थी। दोनों अपनी-अपनी दुनिया की बातें करते। कभी-कभार गपशप करते चाय भी फटकारते। सायरा चुहलबाजी करने से बाज नहीं आती और राघव भी मसखरी कर लेता। जैसी मराठी सायरा बोलती, पलटकर उसी अन्दाज में रघु प्रसाद जवाब देता। जल्द ही सायरा को पता चला कि ऑटो वाले रघु प्रसाद का ठिकाना वर्सोवा के पास ही एक चॉल में था। बम्बइया दुनिया में रघु यूपी का भैया था। मतलब, मेरठ के पास के एक गाँव का। जाति का यादव था, लेकिन जिन्दगी में कभी हेत-परहेत के मायाजाल में न उलझा था। हाँ, कायस्थ और बनियों से अक्सर बतियाता रहता, सो दारू-शराब भले ही चल जाती, लेकिन मांस-मटन से कई योजन की दूरी थी।

एक दिन सुबह-सुबह रघु प्रसाद हनुमान चालीसा बजाते-गुनगुनाते अपनी चॉल के सामने ऑटो धो रहा था। उधर से सायरा बची-खुची मच्छियाँ बिल्डिंग में बेचकर आ रही थी। वह बनियान में रघु प्रसाद को ऑटो धोता देख उछल पड़ी और पास आकर मसखरी करते हुए बोली—"अच्छा तो तेरा ठिकाना इधर चॉल में है। मैं भी इधर हीच्च है।" इतना बोलते-बतियाते हुए सायरा ने मच्छी का टोकरा सीधे ऑटो में रख दिया और बाहर खड़ी होकर उसे देखने लगी, लेकिन

सायरा कुछ और बोल पाती कि मच्छी का टोकरा पीछे सीट पर रखते ही रघु का पारा चढ़ गया। उसने आगे सोचा न पीछे और बस छूटते ही मराठी में सायरा को गालियाँ देता हुआ बोला—"हे टोकरा बाहेर निकाल। सकाड़ी चा काम झाला ना, तुमचा डोकया फिरले होते का हा तुमचा बाप चा ऑटो आहे का हे...साला माएला तुमाल...पूर्णे धर्मे ची वाट लागली...समझत नाही का तुला...!" (ये टोकरा बाहर निकाल। सुबह-सुबह काम-धन्धा नहीं है क्या तेरे को? दिमाग खराब हो गया है क्या तेरा? ये तेरे बाप का ऑटो है क्या? तेरी माँऽऽ... की, साला पूरी धर्म की वॉट लगा दी तूने) ऐसा बोलते-बोलते रघु ने नाक-भौं तक सिकोड़ ली थी।

सायरा बेचारी रघु प्रसाद के इस अन्दाज को भाँप नहीं पाई, सकपका गई। कुछ समझ नहीं आया। उसका चेहरा उतर गया। उसने चुपचाप मछली का टोकरा अन्दर से बाहर खींचा, लेकिन फिर सँभली और मच्छी का टोकरा उठाकर बोली—"ए पंडित की औलाद, बिगड़ता काय को है रे? अभी तो ऑटो धो ही रहा है, दो बाल्टी ज्यादा डाल देना, लेकिन ये जास्ती ऊँची आवाज में अब बात न करना वरना...! और हाँ, माँ-बहन की गालियाँ मेरे को भी कम नहीं आती हैं। सुनेगा न तो कान में डबल छेद हो जाएँगे समझा ना? इधर रहना है न जास्ती पैर मत फैला वरना...!"

रघु को अन्दाजा नहीं था कि सायरा पलटकर ऐसा जवाब देगी। उसका जवाब सुनकर वह धमकी देते हुए सायरा से बोला—"वरना क्या कर लेगी...?"

"तेरे को लफड़ा करने का है क्या?" सायरा ने ऑटो में फिर टोकरा रख दिया...!

"लफड़ा-राड़ा मेरे को मत सिखा—बोला न, सुबह ऑटो धोने और अगरबत्ती लगाने के बाद यहाँ मच्छी का टोकरा रखने का नहीं। उठा इसको, फिर रख दिया तूने?"

"तो मैं क्या रोज रखती है क्या? गुजर रही थी तो बात की, वरना फोकट नहीं पूछती तेरे को। और ज्यादा गर्मी आ गई हो न तो कल से ऑटो भी मत लाना। जास्ती मस्ती चढ़ गई है तेरे को।"

"मस्ती मेरे को नहीं तेरे को चढ़ी है, साली।" रघु उसके सामने आते हुए बोला।

"मेरे को काय की मस्ती रे? पैसा देती है सुबह तेरे को। मेरे को फोकट का स्टेशन नहीं छोड़ता है तू।" सायरा का चेहरा गुस्से में तमतमाया हुआ था।

"फोकट्या कौन है, तेरे को बताता हूँ कल। ढोना सुबह मच्छी के टोकरे।" रघु ने गुस्से में ऑटो के अन्दर एक बाल्टी पानी इतनी जोर-से डाला कि छींटे सायरा पर पड़े और उसकी सलवार भीग गई।

"ऐ हरामी, मेरे को गीला करेंगा तू? और ये तिचा मायला, ऑटो की धमकी किसको देता है रे—तेरे वास्ते दुनिया नहीं चल रही है मेरी। कल से दिखना भी मत यहाँ।" अबकी सायरा बिगड़ गई। उसे गुस्सा आ रहा था और गुस्सा उसकी आँखों में आँसू बनकर उभर आया था। यह पहली दफा था जब उससे किसी मर्द ने ऐसे झिड़ककर बात की थी। लग रहा था, जैसे उसका और उसके धन्धे का कोई मजाक बना रहा था।

वह चिढ़ते हुए रुआँसी होकर बोली—"मच्छी ही रखी थी, कोई लाश नहीं?" फिर गुस्से से पैर पटककर जाते-जाते उसने अपनी मच्छी के टोकरे में हाथ डाला और ऑटो धो रहे रघु की बनियान में एक झींगा डाल दिया। झींगा फेंकती सायरा की इस हरकत को राघव कुछ समझ पाता, तब तक उछल-कूद मचाता झींगा राघव के दुबले-पतले शरीर में फिसलता चला गया। फिर तो राघव ऐसा चीखा-चिल्लाया कि बनियान फाड़ ही डाली। वह पैर भी झटकने लगा। उसे लगा, कहीं अंडरवियर में घुस गया तो पैंट न उतारनी पड़ जाए, जबकि इस बीच सायरा की हँसी उसके कानों में पड़ रही थी। सायरा वैसे ही हँसी, जैसी दादर स्टेशन पर हँसी थी। वह जोरों से हँसी थी और सामने समुन्दर भी हँसा। राघव के पैंट में पहुँचा झींगा तो मरा ही हुआ था। वो तो गर्म खून की चाल से थोड़ी-बहुत बिजली थी, इसलिए उछलता-कूदता रहा, मगर मरते-मरते करंट पूरा राघव को दे गया। लेकिन इस बीच गुस्साई और रुआँसी सायरा को इस तरह हँसता-खिलखिलाता देख राघव भी जोर-से हँसा और उघड़े बदन सायरा को पकड़ने लपका, पर सायरा की फुर्ती देखने लायक थी। इस दफे राघव को रोकना मुश्किल था; उसने एक झटके-से सायरा की कलाई को पकड़ा और बोला—"साली मछुआरन, किसी मछली से कम नहीं है तू भी।" लाल चूड़ी में गेहुँए रंग की कलाई छुड़ाती, हँसती हुई सायरा राघव से बचना चाह रही थी। खाली टोकरा नीचे पड़ा था, जिसमें से कुछ झींगे और बची हुई मछलियाँ नीचे गिर गई थीं।

राघव की मजबूत पकड़ से हाथ को छुड़ा रही सायरा की आँखों में फूल खिले हुए थे, जिनकी खुशबू राघव को मदहोश किए जा रही थी। उसकी आँखों में एक चमक तैर रही थी जो मुस्कराहट में घुल

रही थी—दोनों पल भर एक-दूसरे को देखते रहे, फिर अचानक सायरा हँसते हुए चिल्लाई—"छोड़ रघु, जास्ती नको करु—हाथ तोड़ेगा क्या मेरा?"

"अब न छोड़ूँगा। बहुत जुबान चलती है तेरी।" रघु की आँखें सायरा से झर रही खुशबू में तैर रही थीं।

"बोला न, जास्ती उड़ू नका। चांस मत मार। छोड़ मेरे को।" सायरा मुस्करा रही थी। उसके चेहरे पर एक मादक खुशी छलक रही थी।

"चांस ही समझ ले—ये मछली तो अब जाल से न छूटेगी।" राघव ने सायरा की कलाई के साथ उसे अपने करीब खींचा।

छोटी-सी नाक, बारीक दाढ़ी, उठा हुआ भाल और भूरी-सी आँखों वाला दुबले शरीर का सुन्दर-सा राघव अपने पतले हाथ की पकड़ को और मजबूत कर रहा था।

अचानक रघु ने एक झटके-से सायरा को अपने पास खींचा। सायरा जब उसके करीब आई तो उसका दिल किसी मछली सा उछल रहा था। चेहरे पर घबराहट थी। वह फिर चिल्लाई—"छोड़ राघव, मैं अम्मी को बुलाऊँगी। तू जास्ती कर रहा है अब।" लेकिन सायरा कह कुछ रही थी और कर कुछ और रही थी। वह पीछे हट रही थी, लेकिन कदम राघव के नजदीक जा रहे थे। वह न चाहकर भी राघव के करीब आना चाहती थी। वह अब एक ऐसी मछली थी, जो इस मछुआरे के जाल में हमेशा के लिए कैद हो जाना चाहती थी। उसने अपनी कलाई इतनी ढीली छोड़ दी थी कि वह धीरे-धीरे राघव की ओर खिंचती चली जा रही थी। जब वह राघव के करीब आई तो राघव का चेहरा लाल हो रहा था। उसकी साँसें तेज चल रही थीं।

सायरा को इतना करीब पाकर उसका दिल धड़धड़ा रहा था; नजरें सायरा से मिली हुई थीं—उसने सायरा की आँखों में देखकर कहा—"ये हाथ तो अब नहीं छोड़ूँगा" और फिर एक झटके में सायरा की कलाई छोड़ दी। सायरा मुस्करा रही थी और राघव हँसते हुए उसे देखे जा रहा था। सायरा कुछ नहीं बोली—उसने कुछ देर नीचे देखा और खाली टोकरा उठाकर तेज कदमों से जाने लगी और जाते-जाते उसने एक बार पलटकर राघव की ओर देखा और बोली—"ये मछली तेरे जाल में न आएगी।"

राघव और सायरा लड़ते-झगड़ते, कहा-सुनी करते, चुहलबाजी मसखरी करते कब एक-दूसरे की आदत बन गए, उन्हें पता ही नहीं चला। दोनों करीब आ रहे थे। राघव बिना बोले सुबह केवल सायरा का इन्तजार करता और उसे स्टेशन से लेकर भी आता। सायरा भी खामोशी से उसके पास खिंची चली आती। दोनों की कई शामें जुहू-चौपाटी से लेकर बैंड स्टैंड पर गुजरने लगीं।

राघव को अब मछलियों से घिन नहीं आती थी बल्कि उन्हीं मछलियों से सायरा की खुशबू आती और सायरा को देखते ही वह किसी सुन्दर मत्स्य कन्या की कल्पना में खो जाता। समुन्दर देखकर उसके दिल में इश्क के साज बजते और यदि झींगा हिलता-डुलता देखता तो ऐसा लगता, सायरा की उँगलियाँ उसके बालों में घूम रही हैं।

सायरा-राघव एक-दूसरे के इश्क में डूब रहे थे और दिन मोहब्बत में गुजार रहे थे। हाँ, जिन्दगी की उठा-पटक थी और पेट पालने की जद्दोजहद भी, लेकिन दोनों को एक-दूसरे की दुनिया की चिन्ता भी रहती थी। सायरा ने अपनी जिन्दगी की किताब राघव के सामने खोल दी थी जबकि राघव की जिन्दगी में कहने-बताने के लिए कुछ खास

नहीं था। माँ-बाप 13-14 साल पहले ही खत्म हो गए थे। वे मजदूर थे और एक दिन ट्रॉली में बैठकर मेरठ से दिल्ली आ रहे थे कि ट्रॉली अचानक पलट गई और उस हादसे में मारे गए 12 मजदूरों की लाशों में से दो उसके माँ-बाप की भी थीं। जब वह 16 साल का था तब उसका चाचा उसे मेरठ से यहाँ बम्बई लेकर आया था और वह भी ऑटो चलाता था। बाद में जब राघव बड़ा हुआ तो उसने भी ऑटो चलाना शुरू किया और अब चाचा से अलग रहकर बीते दो साल से वह ऑटो ही चला रहा था। राघव सुबह किराए का ऑटो चलाता था और शाम को भेलपूरी का धन्धा करता। दोनों काम करके उसे 10 से 12 हजार आसानी से मिल जाते थे।

नौवाँ किस्सा

सपनों की मौत, उजड़ती दुनिया और नफरत होता एक समय

हर 'समय'
एक दुनिया की
परछाईं साथ लिये चलता है
और हर 'दुनिया'
एक समय की छाया में बढ़ती है
नफरत कभी एक दुनिया में नहीं फैलती
वह एक सिलसिला है,
दुनिया दर दुनिया
जो हर 'समय' बेगुनाहों की मौत का दाग लिये चलता है
हर 'दुनिया' गुनहगार है, अपने दौर की
किसी दुनिया के लेखे-जोखे में शामिल नहीं होता हाशिया
और किसी भी दुनिया का 'समय'

समय के साथ
भूल जाता है अपने हिस्से का
हिसाब किताब...!

साल 2006 आधा गुजर चुका था। सायरा और राघव की जिन्दगी में प्रेम से भरी सुबह आकार ले रही थी, तो वहीं अरफाना के जीवन में एक साँझ बूढ़ी हो रही थी। एक दुनिया में प्रेम की कोंपलें फूट रही थीं, तो दूसरी दुनिया में फूल मुरझाने को थे। एक दुनिया अपना नया घरौंदा गढ़ रही थी, तो दूसरी दुनिया खुद में ही सिमट रही थी।

बूढ़ी हो रही अरफाना की जिन्दगी में अब कोई था तो वह थी, इकलौती बेटी सायरा और बाकी जालना की यादों का वह हिस्सा, जो समय के साथ-साथ ढहा तो नहीं था, लेकिन वक्त के साथ मिट रहा था। अरफाना का ज्यादातर वक्त घर के काम-काज और उसे सँभालने में ही लगता था। सालों बीत गए थे जब स्टेशन नहीं गई थी, मच्छी बाजारों में घूमी नहीं थी और किसी रौनक का हिस्सा नहीं बनी थी। वह समुन्दर किनारे रहते हुए समुन्दर की तरह ही हो गई थी, दुनिया के शोर से अलग अपने ही अन्दर थमी और ठहरी हुई। अरफाना को जिन्दगी से कुछ ख्वाहिशें नहीं थीं, बस एक ही चिन्ता थी कि कैसे हो, उसकी बेटी सायरा ससुराल चली जाए, किसी अच्छे से लड़के से निकाह हो जाए और उसका घर बस जाए।

अरफाना की इच्छा थी कि लड़का यदि यहीं वर्सोवा में पास का या पास में ही रहने वाला हो तो खुदा की रहमत होती। हालाँकि कई बार सायरा के निकाह के बारे में सोचते ही उसका दिल बैठ जाता और वह अकेले रह जाने के खयाल से डर जाती थी। उसके अपने मायके

मालेगाँव में अब कुछ नहीं था, बस उसकी यादें भर थीं। उसके अपने अम्मी-अब्बू खत्म हो गए थे और दोनों भाई नासिक में अपनी-अपनी जिन्दगी में मगन थे। न उसे कोई पूछता था न कोई सम्पर्क था। ऐसे में सायरा से निकाह के बाद दूरी की कल्पना उसे बेचैनी से भर देती थी, लेकिन फिर बेटी के भविष्य की चिन्ता और उसकी खुशहाली में ही उसे चैन मिलता था। जितना प्यार अरफाना सायरा से करती थी, उतना ही सायरा भी अपनी अम्मी पर दिल लुटाती थी। मजाल है कि कोई अरफाना को तिनके जितनी तकलीफ भी दे दे?

जब अरफाना के कानों में सायरा और राघव की मोहब्बत की बातें उड़ते हुए पहुँचीं तो पहले तो लड़के के हिन्दू होने से डर गई, लेकिन मुम्बई होती बम्बई और जमाने की रफ्तार के बीच उसने कभी इस पर नहीं सोचा, बल्कि राघव के यहीं बस्ती के पास रहने, लड़के के अकेले होने की बात सुनकर लगा मानो अल्लाह ने उसके दिल की बात सुन ली थी। अरफाना दोनों को साथ देखती तो सोचती—यह रिश्ता मालेगाँव में होता तो जुड़ने से पहले ही टूट जाता, पर वह जानती थी कि बम्बई के पानी में इतना जहर नहीं घुला था कि प्यार के लिए नाम और मजहब आड़े आते।

अरफाना जब पहली बार राघव से मिली तो उसे देखकर बहुत खुश हुई। इतनी खुश कि उसके आँसू बहने लगे। उसने अपने बूढ़े हाथों से रघु के गालों को सहलाया और 50 का नोट देकर दुआएँ दीं और बलैयाँ लीं। फिर खाट पर बैठे-बैठे बोली—"बेटा, सायरा का मेरे अलावा कोई नहीं और मेरे जाने के बाद केवल तुम ही रहोगे। उसका खयाल रखना।" अरफाना की आँखें देर तक डबडबाई हुई थीं। अरफाना को इस तरह रोता देख राघव खामोश था—फिर अपनी चुप्पी

तोड़ते हुए बोला—"माँ, मेरा भी सायरा के बिना इस दुनिया में कोई नहीं।" और देर तक अरफाना को देखकर मुस्कराता रहा।

अरफाना की जिन्दगी में काफी दिनों के बाद खुशियाँ लौटी थीं। सायरा के पैर जमीन पर नहीं पड़ रहे थे और राघव अपनी नई दुनिया की कल्पना में मुस्कराता रहता। दोनों की मुलाकात को तकरीबन आठ माह हो रहे थे। दोनों साथ घूमते, घंटों समुन्दर किनारे बैठे रहते और ज्यादा से ज्यादा शामें साथ में गुजारते। उनकी जिन्दगी में सारे रंग थे और दोनों खिले हुए थे। राघव ने एक नया घर भी देखा था कि शादी के बाद वह और सायरा वहाँ चले जाएँगे।

दिन रंग-बिरंगे और खुशनुमा बीत रहे थे और सायरा और राघव के निकाह की शहनाइयाँ गूँजने जा रही थीं।

अरफाना ने काजी को कहकर अगले माह यानी कि अगस्त की 22 तारीख को निकाह तय किया था। यह साल 2006 के जुलाई माह की शुरुआत थी। 5 जुलाई बीत रही थी और राघव और सायरा अपनी शादी को लेकर बहुत खुश थे। वे एक बेहतर जिन्दगी और खूबसूरत दुनिया की कल्पना में खोए हुए थे। दोनों ही सपनों के उस शहर में अपना खुद का आशियाना बनाना चाहते थे। मिलकर ज्यादा से ज्यादा पैसा जोड़ना चाहते थे ताकि नई गृहस्थी के सारे सपने पूरे कर सकें। उत्साह और उमंग की लहरें उस युवा जोड़े के मन में समुन्दर की तरह आकार ले रही थीं। ढेर सारी तैयारियाँ थीं, क्योंकि यात्रा नई जिन्दगी की थी। वे अपने काम-धन्धे में मशगूल थे। सायरा ज्यादा से ज्यादा मछलियाँ बेचकर ढेर सारा पैसा कमाने के लिए हाथ-पैर मारती। वह भाऊ चा धक्का से मछलियाँ लाती और ज्यादा दामों में दादर, माटुंगा, माहिम और अँधेरी मार्केट में बेचती।

इधर, राघव भी खुशी-खुशी घर बसाने के लिए दिन-रात मेहनत कर रहा था। वह सुबह सायरा को छोड़ता, दिन भर ऑटो चलाता और शाम तीन से चार घंटे भेलपूरी का मुड्डा लेकर जुहू चौपाटी या फिर दादर में शिवाजी पार्क बीच के पास खड़ा रहता।

इधर, अरफाना भी बेटी के निकाह की तैयारियों में जुटी थी। उसने खाने-पीने और दावत के सारे इन्तजाम राघव की मदद से कर लिये थे, जबकि ढोल-ताशे, मंडप और निकाह से जुड़ी कई तैयारियाँ अरफाना ने बस्ती की कई औरतों—अमीना, आबिदा, सुनंदा, रज्जो और सुरेखा को सौंप दी थीं। हालाँकि कई काम बँटे हुए थे जो सायरा ने लिये थे, तो कुछ अरफाना ने अपने हिस्से। अरफाना ज्यादातर बाहरी काम निपटा रही थी। शादी की पूरी खरीदारी का जिम्मा उसका था। सायरा और राघव को देने वाले कपड़ों-गहनों के लिए वह सुरेखा के साथ कभी बोरीवली, कभी दादर, कभी अँधेरी और कभी चर्चगेट के बाजारों में घूम रही थी। जब अरफाना पहली दफा पुष्पा की आई और दत्ता तामोरे की पत्नी सुरेखा के साथ खरीदारी करने दादर जा रही थी, तो उसने सालों बाद रेलवे स्टेशन और लोकल ट्रेन देखी थी। अँधेरी का वह बाजार देखा था जहाँ वह कभी भागती-दौड़ती पहुँचती थी, वे प्लेटफॉर्म देखे थे, जहाँ जालना के साथ उसकी हरी-भरी यादें थीं। ट्रेनें, प्लेटफॉर्म और बम्बई की भीड़-भाड़ उसकी जिन्दगी का एक किस्सा था, जो इस शहर से जुड़ा था। यह शहर आज भी उसके दिल में धड़कता था और एक जालना आज भी दिल के किसी कोने में बसता था।

सुरेखा के साथ अरफाना ने बोरीवली से कई तरह की मिठाइयाँ ली थीं, तो वहीं दादर से बर्तन, एक सूटकेस, बैग और फूल बाजार में सेहरे, फूल मालाओं और गुलाब के गुलदस्तों का ऑर्डर दिया था। चर्चगेट जाकर सायरा के लिए दुल्हन का लिबास चूड़ियाँ और गहने लिये थे। शादी की बहुत-सी तैयारियाँ वह कर चुकी थी। जो काम बचा था, वह था कुर्ला में जाकर जालना और मालेगाँव के उसके कुछ रिश्तेदारों को निकाह का न्योता देना और चर्चगेट जाकर घर की सजावट का थोड़ा सामान और बाजार से सूखे मेवे लाना।

उस दिन तारीख 11 जुलाई थी। जब अरफाना पुष्पा की माँ सुरेखा के साथ दोपहर 11 बजे अँधेरी स्टेशन से निकली थी। पहले वह कुर्ला रुकी और रिश्तेदारों को निकाह का न्योता दिया और बाद में चर्चगेट से सजावट का सामान, फूलदान, प्लास्टिक के गुलदस्ते, चमकीली झालरें, चटाइयाँ, तकियों के कवर, बिजली के बल्बों की लड़ियाँ, दस्तरख्वान, काँच के गिलास का सेट, चीनी मिट्टी के बर्तन, कुछ सादे गहने, मेकअप बॉक्स, मेहँदी, चटाइयाँ और सूखे मेवों की खरीदारी की थी। खरीदारी जमकर हुई थी, सो चीजें भी ज्यादा थीं। दोनों के हाथों में खासा सामान था। उस दिन अरफाना की ट्रेन से आखिरी फेरी थी। ट्रेन में भीड़ हो जाए, उससे पहले लौटने के लिए अरफाना और सुरेखा चर्चगेट से तकरीबन साढ़े तीन बजे के आसपास विरार लोकल में चढ़े। पहले वे लेडीज कम्पार्टमेंट में बैठीं, लेकिन उन्हें लगा कि भीड़ बढ़ेगी और हाथ में रखे सामान से दूसरों को दिक्कत होगी, सो वे लगेज में चढ़ीं, लेकिन वहाँ पहले से ही भीड़ थी। भीड़ के डर से दोनों औरतों ने तीन ट्रेनें लगातार छोड़ीं क्योंकि हर ट्रेन अपने पहले स्टेशन यानी कि मरीन लाइंस से भरकर पहुँचती थी, सो चढ़ना मुश्किल

हो रहा था और खड़े रहना उससे भी ज्यादा कठिन। भीड़ बढ़ती जा रही थी। आखिरकार थकी-हारी बूढ़ी औरतों ने शाम 5 बजकर 57 मिनट की विरार जाने वाली लोकल ट्रेन के दूसरे दर्जे के डिब्बे में जगह बनाई और माशाअल्लाह उन्हें सीट भी मिली। ट्रेन अँधेरी के लिए निकल पड़ी, लेकिन नियति एक दूसरी कहानी गढ़ रही थी, जो केवल इतनी ही थी कि अरफाना और सुरेखा कभी अँधेरी नहीं पहुँच पाईं। लोकल ट्रेन का यह सफर उनकी जिन्दगी का आखिरी सफर रहा क्योंकि एक अनहोनी अपने हिस्से का समय और दुनिया, दोनों निगल चुकी थी।

दादर पार कर तकरीबन साढ़े छह बजे माटुंगा और माहिम के बीच पहुँची लोकल ट्रेन का फर्स्टक्लास कम्पार्टमेंट एक धमाके के साथ उड़ गया। धमाका इतना शक्तिशाली था कि पहले दर्जे के उस डिब्बे की छत उड़कर बाहर जा गिरी और उससे लगे दूसरे दर्जे का—सेकेंड क्लास डिब्बे का—आधा हिस्सा तहस-नहस हो गया। धमाके की तेज आवाज के बाद ट्रेन एक झटके के साथ रुकी और चारों तरफ सन्नाटा पसर गया। फिर धुएँ के गुबार के बीच एकाएक अफरा-तफरी मची और चीख-पुकार की आवाजें जैसे चारों ओर बिखरने लगीं। ट्रेन की पटरियों पर लाशों का ढेर था। खून और मांस के लोथड़े यहाँ-वहाँ बिखरे थे। खून से सने लहूलुहान लोग पटरियों पर पड़े हुए थे। कोई कराह रहा था तो कोई मदद की गुहार में चिल्ला रहा था। लोग बदहवास, दहशत में डूबे, चीखते-चिल्लाते शोर मचाते इधर से उधर दौड़ लगा रहे थे। धमाके का असर इतना दूर तक था कि पहले दर्जे से लगा सेकेंड क्लास कम्पार्टमेंट का आधा हिस्सा सीटों सहित बाहर था। डिब्बे में बैठी सुरेखा की रीढ़ की हड्डी में लोहे का एक पतरा पेट तक आर-पार था और वह एक लाश बन गई थी, जबकि अरफाना के सिर से खून

बह रहा था और एक हाथ गायब हो चुका था। उसने पल भर के लिए बदहवास आँखों से आसपास देखा, एक कराह निकली और फिर वह हमेशा के लिए खामोश हो गई।

इधर 11 जुलाई की ही शाम राघव की जिन्दगी भी बदल गई। वह साढ़े पाँच बजे तक सायरा के साथ था, इसलिए भेलपूरी बेचने के लिए जुहू जाने में लेट हो गया था। ट्रैफिक से बचने के लिए उसने जोगेश्वरी से ट्रेन पकड़नी चाही। वह पहले वर्सोवा से जोगेश्वरी आया ताकि जुहू पहुँच सके। फिर वह सान्ताक्रूज जाने के लिए उलटी दिशा की खाली ट्रेन पकड़ना चाहता था। वह जोगेश्वरी के 2 नम्बर प्लेटफॉर्म पर खड़ा था। वह खड़ा ही हुआ था कि एक ट्रेन जो चर्चगेट से आ रही थी, उसके एक कम्पार्टमेंट में ब्लास्ट हुआ और उसके परखच्चे उड़ गए। चारों ओर धुआँ और अफरा-तफरी का माहौल था। चीख-पुकार का आलम था। लाशें प्लेटफॉर्म पर आकर गिरी थीं जबकि ट्रेन के अन्दर के पंखे और सामने का गेट तक बाहर पड़ा हुआ था। शाम को हुए उस धमाके के साथ पक्षियों का कलरव जैसे रुदन गा रहा था। कई लोग पटरियों पर पड़े थे। ट्रेन रुक चुकी थी और माहौल दहशत से भरा था। राघव तो ट्रेन में चढ़ा भी नहीं था, लेकिन वह स्टेशन से दूर बाहर जाकर सामने गिरा था, न उसका भेलपूरी का मुड्डा था न उसका शरीर था। वह अधमरा हो गया था। उसका एक पैर गायब था, जबकि दूसरा इतना फट गया था कि मांस और खून का मानो सैलाब बह निकला हो। उसने अपने आसपास चीख-पुकार और बदहवासी का आलम देखा और फिर उसकी आँखें बन्द हो गईं।

दसवाँ किस्सा

हर दुनिया अपने समय से पहचानी जाती है...!

हर दुनिया,
हर जगह,
एक अलग समय है
और
एक समय,
हर जगह,
एक अलग दुनिया है।
हर जगह का समय अलग है
इसलिए हर जगह की दुनिया अलग है।
एक समय एक दुनिया वैसी ही दिखती है
जैसा समय होता है।
हर समय को देखने के लिए एक दुनिया होती है

इसलिए हर दुनिया अपने समय से पहचानी जाती है...!

मार्च 1993 के बाद 11 जुलाई, 2006 की एक और तारीख बम्बई के इतिहास में दर्ज हो गई। एक ऐसी तारीख, जिसका एक सिरा दूर इतिहास की दूसरी दुनिया में जाकर खुलता था। एक साया जो 1985 से पीछा कर रहा था, उसने पूरे शहर को निगल लिया था और आगे न जाने किस-किसको निगलने वाला था। वह एक घटना थी, जिसका मतलब यही था कि मुम्बई में फिर एक आतंकी हमला हुआ था, जिसमें लोकल ट्रेनों में सीरियल ब्लास्ट हुए थे और कई बेगुनाह लोग मारे गए थे, जिसमें कई अरफाना थीं और कई सुरेखा थीं और अनगिनत घायल और अपाहिज लड़के थे, जिनका नाम राघव हो सकता था।

उस दिन के बाद हँसती-मुस्कराती सायरा की आँखें पथरा गई थीं। न अरफाना घर लौटी न पुष्पा की माँ सुरेखा।

राघव का कुछ पता नहीं था।

सायरा ने अपनी अम्मी अरफाना को फिर कभी नहीं देखा। आखिरी समय में वह अपनी माँ का चेहरा तक न देख पाई, ठीक वैसे ही जैसे अपने अब्बू जालना का चेहरा दिसम्बर 1992 के बाद कभी नहीं देख पाई थी। अब्बू की तरह ही उसे अम्मी की भी लाश तक नसीब नहीं हुई थी, लेकिन वह अब्बू से ज्यादा अम्मी के करीब थी और आखिरी वक्त में वह अपनी बूढ़ी अरफाना के हाथों को छूना चाहती थी, उसके गले लगना चाहती थी और उस दर्द को महसूस करना चाहती थी, जिसमें उसकी अम्मी गुजरी थी।

धमाके के बाद सायरा और पुष्पा ने अपनी आई को ढूँढ़ने के लिए 7 स्टेशनों के चप्पे-चप्पे तलाशे, लेकिन न तो उसे ब्लास्ट से तहस-नहस हुई ट्रेनों के पास किसी ने जाने दिया, न हादसों की जगह वह जा पाई थीं और न पुलिस वालों ने उनकी कोई बात सुनी। वे माटुंगा, माहिम, खार, सान्ताक्रूज, बान्द्रा, खार रोड, बोरीवली, जोगेश्वरी, मीरा रोड और भायन्दर तक गईं, लेकिन कहीं कुछ हासिल नहीं हुआ। अम्मी और सुरेखा काकी कहीं नहीं मिलीं। पाँच दिन बाद माटुंगा पुलिस के एक हवलदार ने सरकारी अस्पताल में लाशों के बीच सायरा और दत्ता काका और पुष्पा को घुमाया, लेकिन वहाँ भी कुछ नहीं मिला। पता चला, कई लाशें दफना दी गई थीं तो कइयों का कुछ अता-पता नहीं था।

सायरा यतीम हो गई थी। न अब्बू थे न अम्मी। वे एक दुनिया थे जो एक समय में गुम हो गई थी और दोनों एक दुनिया छोड़ गए थे, जिसे अब इस समय में अकेले रहना था।

सायरा दिन-रात केवल और केवल रोती रहती। हर ओर मातम पसरा था। आखिरी वक्त में न वह बाप का चेहरा देख पाई थी न माँ का। अब्बू की तरह ही अम्मी भी ऐसे अचानक छोड़कर चली जाएगी, इसकी कल्पना भी नहीं थी। अकेले बैठे-बैठे उसकी आँखों के सामने केवल और केवल अरफाना का चेहरा घूमता और रह-रहकर रुलाई फूटती थी। सिसकियाँ जैसे अम्मी को आवाज लगाती थीं और हर आँसू की बूँद अम्मी को ढूँढ़ते हुए ढल जाया करती थी। सूखे आँसुओं के रेलों में भीगा-पसीजा उसका चेहरा किसी उजाड़, बंजर मायूसी-सा लगता था। दिल एक सन्नाटे में तब्दील हो गया था और दिमाग सन्न था।

उसकी नजरें निकाह की तैयारियों से भरे-पूरे घर को देखकर एक गहरी उदासी में डूबती चली जाती थीं। दो छोटे कमरों का वह घर कुछ दिन बाद होने वाली शादी के रंग में रँगने वाला था, लेकिन वहाँ अब मौत का गमगीन और रंगहीन अँधेरा फैला हुआ था। जिस घर में संगीत के गाने-तराने गूँजने थे, वहाँ मरघट की भयावह खामोशी फैली थी। पूरा कमरा साज-श्रृंगार और सजावट की तैयारियों के बीच शोक, दुख और टूटे हुए मन की त्रासद छाया में लिपट रहा था। कमरे में यहाँ-वहाँ बिखरा शादी की तैयारियों के लिए लाया गया सामान सायरा की नजरों में आता और वे सारी चीजें उसकी आँखों में समाकर उसकी रूह को फाड़ देती थीं और वह बार-बार रोने लगती थी। चूड़ियाँ, गहने, बर्तन, शादी का जोड़ा, राघव की शेरवानी, साड़ियाँ, जूते, सैंडिल, मिठाइयाँ, नमकीन के पैकेट, गजरे, गुलाब के फूल के टोकरे जैसे सब के सब उसके दुख, शोक, मायूसी और उदासी के रंग बन गए थे।

सायरा जो चीज देखती, उसमें अरफाना का चेहरा दिखता और फिर वह जोर से चीख पड़ती। वह एक कोने में डरी, सहमी और रोती पड़ी रहती जबकि पास में ही बैठी पुष्पा उसके कन्धे पर सिर रखकर अपनी आई को बदहवासी में पुकारती रहती। उसकी दर्द में उठती पुकारें कमरे से उठकर दूर समुन्दर में मिलतीं और लहरों से टकराकर अनन्त में खो जातीं। पुष्पा के बाबा दत्ता अपनी पत्नी सुरेखा की ऐसी अचानक विदा से गुमसुम थे। वे दूर समुन्दर किनारे लगी नाव में बैठकर शून्य में ताकते और अपनी आँखों को समुन्दर की हवा में पत्थर किए जा रहे थे। उनके आँसू सूख चुके थे, लेकिन दिल भीगा हुआ था। दत्ता को रह-रहकर सुरेखा से लड़ना-झगड़ना और मनमुटाव याद आता था। उनकी आँखों में एक पश्चात्ताप था और मन में अपनी पत्नी के लिए

माफी माँगती हुई अनगिनत खामोश कविताएँ थीं, जो प्यार में डूबी हुई थीं और जिसे केवल सुरेखा ही समझ सकती थी।

सायरा और दत्ता काका के घर पर अमीना, शकीना, शेख बानो, सलमा आपा, रोजी सिस्टर, मैरी आंटी, डेविड अंकल, बिट्टन की बीवी रमैया, बच्चे, बूढ़े—सब मिलकर गए थे और लगातार रोती जा रही सायरा और पुष्पा के सिर पर हाथ रखकर चले गए थे। प्यार, स्नेह, दुलार, संवेदना, सहानुभूति और ममता की सारी छाया और प्यार की गरमाहट सायरा और पुष्पा को आस-पड़ोस से मिल रही थी, लेकिन नहीं था तो अम्मी अरफाना और सुरेखा काकी का हाथ, जिससे बरसता बेपनाह प्यार उन्हें पूरी जिन्दगी में किसी से नहीं मिला था।

सायरा जानती थी कि अम्मी अब अब्बू की तरह ही कभी नहीं लौटेगी। घर सूना था और रो-रोकर उसका बुरा हाल था। पाँच दिनों तक उसे बुखार था, जबकि पुष्पा की सिसकियाँ हर साँस के साथ उसकी घायल आत्मा को छूकर आतीं और उसके भीतर से टीस बनकर उठा करतीं। दोनों की जिन्दगी उजड़ गई थी। सायरा तो अनाथ ही हो चुकी थी। वह दिन भर समुन्दर किनारे पड़े रहती, न कहीं आती न जाती। पाँच दिन बीतने के बाद अचानक उसकी आँखें और दिल राघव को तलाश रहा था। इतने दिन बीत गए थे, लेकिन राघव का कहीं कोई अता-पता नहीं था।

जैसे-जैसे वक्त गुजर रहा था, राघव को लेकर उसका दिल बैठा जा रहा था। वह रात को सोते से जाग जाती और घबराने लगती। एक डर और आशंका ने उसके दिल में मानो प्रवेश करना शुरू कर दिया

था। अरफाना की याद मन से जाती नहीं थी और राघव की याद एक डर में बदल रही थी। उसने कई रातें राघव के इन्तजार में गुजार दी थीं। महीना भर गुजर रहा था। वह इस आस में आसपास घूमा करती थी कि शायद राघव कहीं से आकर टकराएगा और उसे गले लगा लेगा, लेकिन गुजरते दिनों के साथ राघव का कहीं कोई पता नहीं था।

सायरा की जिन्दगी में तो अब राघव के सिवा कुछ नहीं था। राघव ही उसका सहारा था और एक ऐसा हाथ था, जिसने उसे सँभाला और थामा हुआ था। राघव के इन्तजार में सायरा की आँखें सूनी हो रही थीं। हफ्ता बीत जाने के बाद वह दिन में दो से तीन चक्कर राघव की खोली के पास लगाने लगी थी। यह सिलसिला लगातार चल रहा था। वह राघव की खोली के पास जाती, जहाँ ताला मिलता। फिर आसपास के कई लोगों से पूछती। राघव का ऑटो भी वहाँ नहीं था, लेकिन सायरा जानती थी कि किराए का ऑटो राघव घर पर कम ही रखता था। उसे लगता कि राघव शायद गाँव चला गया है या फिर कहीं और, जहाँ से वह जल्द ही लौट आएगा। लेकिन हर दिन के साथ उसकी आस छूटती जाती थी। जब भी राघव के घर से मायूस लौटती तब वह पुष्पा के साथ समुन्दर किनारे घंटों बैठती। कभी रोती तो कभी गुमसुम रहती, कभी दूर शून्य में खो जाया करती।

सायरा की जिन्दगी पूरी तरह बदल गई थी। अम्मी के जाने के बाद और राघव की याद में महीना भर उसने ऐसे ही बिताया था—अकेले में रोते हुए, डर में और सब कुछ खो जाने के बाद के खालीपन में। लेकिन दुःख-दर्द, शोक, अपनों को खो देने का गम, टूटन, घुटन, बेचैनी, मायूसी, मातम लिये वह कितने दिन घर बैठी रह सकती थी? बैठना भी चाहे तो बम्बई का मिजाज नहीं था कि किसी को घर पर

अपने ही दु:ख का आराम से शोक मनाने दे। बम्बई तो हर आदमी के पेट में रहती थी, जैसे दुनिया का सारा इतिहास आदमी के पेट में साँसें लेता था और जहाँ सारी संवेदनाएँ, भावनाएँ और दु:ख भूख की आग में समा जाते थे।

बम्बई थी भी ऐसी जो गरीबी, अभाव, बेकारी के बीच वजूद को बचाए रखने के लिए दौड़ती-हाँफती रहती थी: यहाँ जो काम करता था वही बचता था, और जो नहीं बचता था, समझ लो वह काम करना छोड़ चुका था या शहर ही छोड़ चुका होता था। यह इस शहर की बदकिस्मती थी कि इसकी मजबूरी, मायूसी और दु:ख में डूबी चुप्पियों को दुनिया 'बॉम्बे स्पीरिट' कहा करती थी, लेकिन यह स्पीरिट कैसी थी, कहाँ रहती थी, कोई नहीं जानता था। लाखों टूटे हुए दिल, दु:खों को पाले, बोझिल व भारी मन से दौड़ लगाते, ट्रेनों में सफर करते और मजबूरी की एक ऐसी डगर पर चल रहे थे, जहाँ रफ्तार बहुत जरूरी थी। गर जीवन धीमा हुआ तो समझो, आदमी पीछे हुआ और जो पीछे हुआ, वह डगर से छूट गया; फिर जो डगर से छूट गया तो समझो रुक गया, और जो रुक गया, वह पिछड़ गया।

बम्बई जीवन में पिछड़े, हाशिए पर धकेले और दौड़ से बाहर हुए लोगों के लिए कहाँ थी? दुनिया जानती थी कि बम्बई में पल भर के लिए भी रुक जाने का मतलब था, जिन्दगी का रुक जाना और यदि यहाँ जिन्दगी रुकी तो समझो, यह शहर आपको धीमी मौत की नींद सुला देगा और यह नींद ऐसी होगी जहाँ शरीर तो रहेगा, लेकिन आत्मा न होगी।

सायरा बचपन से ही अपनी इस बम्बई को जानती थी। उसने इसी शहर के दंगों में अपने अब्बू को खोया था और अब माँ को एक

ट्रेन ब्लास्ट में। उसे पूरी खबर थी कि यह शहर न ज्यादा रोने देता था न बिलखने का मौका देता था। उसे पता था कि बम्बई, रुके, थके, ठहरे, सहमे हुए और आसरा तलाशते लोगों का शहर नहीं था। यहाँ जो चलता है, वही रहता है। यहाँ हर कोई अपनी इच्छा से साँसें नहीं लेता था। हर एक की डोर किसी दूसरे के हाथ थी। यहाँ हर एक की एक अलग बम्बई थी। अमीर की अलग बम्बई और गरीब की अलग, बचे हुए लोगों की अलग और बने हुए लोगों की अलग। दुखियारों की अलग और अनाथ, अकेले लोगों की अलग।

सायरा अनाथ थी और वह जानती थी कि बम्बई में रहने के लिए हर आदमी को अपनी एक बम्बई बनानी पड़ती थी।

सायरा धीरे-धीरे सब भूलकर काम पर जाने लगी क्योंकि सब कुछ भुलाकर काम करना ही इस शहर की किस्मत थी। अकेला पेट था तो अब हाय-तौबा करने की जरूरत महसूस नहीं होती थी। आसपास के मच्छी मार्केट में थोड़ी-बहुत मछलियाँ बेच आती। उतार-चढ़ावों से गुजरती जिन्दगी एक ढर्रे पर बढ़ने लगी। अपने काम-काज के बीच राघव उसके दिल में बना रहता और वह उसका इन्तजार करती।

एक दिन सायरा राघव के घर की ओर गई तो चॉल में उसकी खोली के दरवाजे का ताला तोड़कर सामान बाहर निकाला जा रहा था। आसपास पड़ोस में पूछने पर पता चला कि महीना भर से ऊपर हो चुका था और रघु ऑटो वाले का कहीं अता-पता नहीं था। दो माह का भाड़ा बकाया था, इसलिए चॉल का मालिक ताला तुड़वाकर उसका सामान बाहर निकाल रहा था। लोगों ने सुन रखा था कि उसकी शादी होने वाली थीं, सो अफवाह थी कि यूपी का भैया धोखा देकर गाँव भाग गया है।

सायरा ने जब इन बातों को सुना तो उसके पैरों तले जमीन खिसक

गई थी। खाली खोली और राघव का पूरा सामान देखकर उसकी रुलाई फूट पड़ी। राघव का खाली हो रहा कमरा उसे उसके दिल की तरह लग रह था, जिसमें से मानो राघव को ही निकाला जा रहा था। जितना सामान था, वह सारी राघव की यादें थीं और चॉल का वह खाली कमरा अब उसका दिल था। रोती-बिलखती सायरा बिकने जा रहे सामान में से जैसे-तैसे राघव के कपड़े, सूटकेस, बर्तन-भांडे और एक छोटी-सी अलमारी अपने घर ले आई। एक-एक सामान राघव की याद का टुकड़ा था। सायरा ने सामान को जब कमरे में रखा तो उसे लगा, जैसे राघव ही घर आ गया था। निकाह की रौनक में डूबे उस कमरे में राघव की यादें ऐसी पड़ी थीं, जैसे राघव उसके साथ था।

लेकिन सवाल यह था कि राघव गया कहाँ था? वह तो सान्ताक्रूज जाने वाला था? और यदि वह सान्ताक्रूज नहीं पहुँचा था तो कहाँ पहुँचा था? राघव की कोई खबर नहीं थी। पूरे दो माह हो रहे थे।

एक कहानी अब भी आधी थी और एक किस्सा अब भी अधूरा था।

एक दिन सायरा नल से बाल्टी भरकर पानी ला रही थी कि अचानक घर के बाहर भीड़ देखी। भीड़ देखते ही उसका दिल बैठ गया, पैर सुन्न पड़ गए और हाथ काँपने लगे। सायरा का दिल भीड़ देखते ही घबराने लगता था। कुछ अचानक और औचक घटनाएँ उसकी आत्मा को छिन्न भिन्न कर देती थीं। भीड़ देखकर उसे लगा कि कहीं दत्ता काका को तो कुछ न हो गया या फिर टूटी मायूस पुष्पा ने कोई गलत कदम तो नहीं उठा लिया? डरती, सहमती और घबराई-सी सायरा जैसे ही पास पहुँची, उसके हाथ से पानी की वह बाल्टी छूट गई और जैसे पानी गिरकर बह रहा था वैसे ही वह सामने का दृश्य देखकर अन्दर

से पिघलने लगी और आँसुओं के साथ बहने लगी। सामने उसका राघव खड़ा था। दुबला-पतला, बाल बढ़े हुए थे, आँखें धँसी हुई थीं और चेहरा मुरझा गया था। एक पैर नहीं था उसका। आधी कटी टाँग बैसाखियों के सहारे लटक रही थी। हाथों और खुले शर्ट से झाँकती छाती पर लम्बे-लम्बे टाँकों के निशान थे। एक आँख के नीचे गड्ढा था, जैसे किसी ने चीरा मार दिया हो और दूसरी पूरी आँख झुकी हुई थी। सायरा को देखते ही उसकी आँखें भर आईं। फिर वह बैसाखी के सहारे चलते-चलते सायरा के घर के सामने पड़ी खाट पर जा बैठा।

राघव को देखते सायरा पहले बदहवास-सी हुई और फिर गले चिपट-चिपटकर रोई। रोते-रोते वह अम्मी को याद करती और फिर अब्बू को। सिसकियों में डूबती-उतराती सायरा की आवाज उस भीड़ में अरफ़ाना को पुकारती सिसकियाँ बन गई थी। यह पहली बार था जब वह दिनों की घुटन से बाहर आकर खुली हवा में साँस ले रही थी। एक बोझ था, जो मन से हट रहा था। एक कुहासा था, जो छँट रहा था। उस दिन एक लड़की ऐसे रो रही थी मानो समुन्दर ही रो रहा था।

राघव भी उस दिन खूब रोया और सायरा का सिर अपनी गोदी में रखकर उसे दिलासा देता रहा। वह रोते-रोते सायरा से बतिया रहा था—"ये जिन्दगी में क्या हो गया, सायरा? किसकी नजर लग गई हमें? अम्मी चली गई और देख, मेरा पैर अब नहीं रहा। अब मैं क्या करूँगा? कैसे जिऊँगा?"

सायरा रोते हुए उसे दिलासा दे रही थी—"सब ठीक हो जाएगा राघव। अब कोई नहीं है हमारा। देख, कितनी तैयारियाँ की थीं अम्मी ने शादी की, लेकिन उस दिन के बाद फिर कभी नहीं लौटी।" सायरा इतना बोलते-बोलते फिर रोने लगी।

दोनों जब शान्त हुए तो राघव देर तक अपने कटे हुए पैर और हाथ में लगे टाँकों को देखता रहा। फिर अचानक उसने अपनी बैसाखियों को जोर से पटका और गालियाँ देता हुआ चीखने लगा—"क्यों हो गया ऐसा? मैंने किसी का क्या बिगाड़ा था, भगवान...!" सायरा ने जब उसे देखा तो पहले वह घबराई, लेकिन फिर उसकी बैसाखी उठाकर दिलासा देते हुए बोली—"चिन्ता मत कर, राघव। सब ठीक हो जाएगा, हिम्मत मत हार। ऐसे टूट जाएगा तो जीना कैसे सीखेगा? अब जो कुछ करना है, हमें ही करना है। देख, अम्मी भी चली गई, अब तेरे सिवा मेरा इस दुनिया में कोई नहीं।"

सायरा की बात सुनकर राघव पिघलता चला गया था। उसने बताया कि कैसे उस दिन 11 जुलाई को जोगेश्वरी स्टेशन पर हुए ब्लास्ट में उसके शरीर को एक झटका लगा था और वह दूर जाकर गिर गया था। पैंट में ही पेशाब छूट गई थी और उस शाम भगदड़ मची हुई थी। चीखने-चिल्लाने की आवाजें आ रही थीं। स्टेशन पर ट्रेन का एक डिब्बा धुएँ के गुबार से भरा पड़ा था। बस, अधखुली आँखों से वह इतना ही देख पाया। फिर जब आँख खुली तो एक अस्पताल में था, जहाँ डॉक्टरों ने बताया था कि ट्रेन के डिब्बे का एक पतरा उसके दोनों पैरों पर लगा और एक पैर तो काटना ही पड़ा। हॉस्पिटल वालों ने कुछ बीस-पच्चीस दिन बाद बैसाखी देकर विदा कर दिया। सरकार की ओर से कुछ पैसे लिफाफे में आए थे तो डॉक्टरों ने इलाज के खर्च और दवाइयों के नाम पर उसमें से भी कुछ पैसे रख लिये और बाकी दो हजार रुपये देकर यह कहते हुए रवाना कर दिया कि आराम करना वरना दिमाग पर असर होगा, लेकिन आराम तो दूर की बात राघव के लिए खोली तक पहुँचना ही मुश्किल था। कमजोरी इतनी आ गई थी

कि रह-रहकर चक्कर आ जाते थे। अस्पताल से निकलने के बाद दो दिन तो कम्पाउंड में पड़ा रहा। याददाश्त पर ऐसा असर था कि कभी कुछ याद रहता, तो कभी कुछ भूल जाता। फिर कई दिन यूँ ही भटकता रहा। कभी अँधेरी स्टेशन तो कभी जोगेश्वरी, कभी चाचा के यहाँ जाता तो कभी दादर, कभी जुहू-चौपाटी पर समुन्दर किनारे ही रातें गुजार देता। कई बार उसने दोस्तों के यहाँ रातें काटीं। दो हजार रुपये में वह जितना भटक सकता था, भटकता रहा।

इधर, राघव की अपनी दुनिया भी उजड़ गई थी। खोली जा चुकी थी और सामान सायरा के घर ही था। ऑटो किराए का था। सो, चलाने का सवाल ही नहीं था। वह कुछ दिन सायरा के यहाँ रहा, लेकिन सायरा के लिए वह पहले वाला रघु नहीं था। राघव पहले की तरह हँसमुख नहीं रहा था। हँसी-मजाक की जगह उसके चेहरे पर एक उदासी तैरती रहती, मसखरी की जगह एक गुस्सा तैरता रहता। वह बात-बात पर चिढ़ता, गुस्से में गालियाँ बकता और कई बार खीजते हुए सायरा को मारने भी दौड़ता। कभी रोने लगता, तो कभी चिल्लाता, कभी रात को समुन्दर किनारे निकल जाता तो सायरा पीछे दौड़ते हुए जाती कि कहीं कुछ गलत न कर बैठे।

राघव दिमागी रूप से बहकने भी लगा था। ऐसा लगता था कि हादसे का उसके दिमाग पर गहरा असर हुआ था। जब चिढ़ता तो बाद में बेवजह यूँ ही हँसने लगता। कई बार नींद में जोरों से बड़बड़ाता। सायरा उसे बार-बार दिलासा देती, समझाती, लेकिन सायरा की ये बातें सुनकर राघव बिफरने लगता।

एक दिन बिना बताए राघव सायरा के यहाँ से निकल गया। वह नींद से जागी तो दरवाजा खुला था और कमरे में राघव नहीं था। घबराकर रोते हुए सायरा ने आसपास के कई लोगों को बुलाया और वर्सोवा के कई इलाकों में ढूँढ़ा, पर राघव नहीं मिला। रोती-बिलखती सायरा तीन दिनों तक पुष्पा के साथ वर्सोवा बीच, बाजार, अँधेरी स्टेशन, जोगेश्वरी, मच्छी बाजार, ऑटो वालों के घरों तक में ढूँढ़ती रही, लेकिन राघव का कुछ पता नहीं था। पूरा हफ्ता बीत गया और सायरा फिर एक अकेलेपन और सन्नाटे में कैद थी। दु:ख की एक छाया अपना आकार बढ़ाती, लेकिन उससे पहले राघव उसे फिर दिखा। मिला भी तो अँधेरी स्टेशन पर बेंच के नीचे सोया हुआ था। बढ़ी हुई दाढ़ी, बिखरे हुए बाल, गन्दा, मटमैला शर्ट और पास में पड़ी बैसाखियाँ, कचरे में पसरा राघव, सायरा को देख चुका था और उससे नजरें छिपा रहा था, लेकिन सायरा की नजरों से बच नहीं सका।

राघव को देखते ही सायरा की आँखों से रुलाई फूट पड़ी। फिर जैसे ही सायरा राघव के करीब आई तो राघव बच्चों की तरह रोने लगा। रघु को रोता देख सायरा उसके गले लगकर बोली—"तुझे क्या हो गया है, राघव? तू ऐसा क्यों कर रहा है? मुझसे क्यों भाग रहा है? तेरी तबीयत ठीक नहीं है, तू आराम कर, हम डॉक्टर को दिखाएँगे। जब सेहत अच्छी होगी तो सब अच्छा हो जाएगा। तेरा एक पैर ही तो नहीं है, बाकी जिन्दगी तो है न? हम साथ रहेंगे, कोई भी छोटा-मोटा काम-धन्धा करेंगे। चल राघव, घर चल। वहीं रहना, हम दोनों शादी कर लेंगे। सब ठीक हो जाएगा।"

लेकिन इतना सुनते ही जाने क्या हुआ, वह सायरा से छिटक गया। फिर बिफरते हुए बोला—"दया दिखाने की जरूरत नहीं है मुझ पर। मैं

भी कमा सकता हूँ। चल, निकल यहाँ से।" सायरा को उसने धक्का दे दिया। फिर बैसाखियाँ हाथ में ली और बुरी तरह से चिल्लाया—"जा न मच्छी बेच न। काय को मेरा टाइम खोटी करती है? निकल यहाँ से। बहुत जवानी चढ़ रही है तो किसी मर्द का हाथ पकड़ और घर बसा। निकल, चल निकल यहाँ से।"

राघव के मुँह से यह सब सुन सायरा घबरा गई। वह घबरा रही थी और काँप रही थी। उसने राघव का यह रूप कभी नहीं देखा था। उसकी आँखों से आँसुओं की धार फूट पड़ी। वह राघव का शर्ट पकड़कर उसे खींचने लगी, लेकिन पलटकर राघव ने उसी बैसाखी से जोर-से मारा। बैसाखी सायरा की कमर पर इतनी तेजी से लगी थी कि उसकी आवाज सुनकर आसपास के लोग सायरा को देखने लगे, लेकिन सायरा के लिए बैसाखी की उस मार से दिल पर पड़ी मार कहीं ज्यादा थी।

रोती हुई सायरा राघव के पैरों में गिर गई—उसकी रुलाई फूट पड़ी थी—स्टेशन पर सब लोग उसे ही देख रहे थे। फिर भी वह खुद को सँभालते हुए राघव से प्यार से बोली—"राघव, तू गलत समझ रहा है। ऐसा मत कह—तुझे ऐसा क्यों लगता है कि मैं तेरा मजाक उड़ा रही हूँ? मेरे प्यार को तरस मत समझ। ऐसे जिन्दगी नहीं जी जाती, राघव। सब कुछ भुलाकर, छोड़कर आगे बढ़ना पड़ता है। तू इतना कमजोर क्यों हो रहा है?"

एक टाँग पर खड़ा राघव नीचे अपनी बैसाखी पकड़े बैठी सायरा को एकटक देखे जा रहा था। सायरा को इस तरह रोता देख, उसकी आँखों में आँसुओं का सैलाब उमड़ आया था। वह कुछ कहता उससे पहले सायरा गिड़गिड़ाते हुए फिर समझाने लगी—"ऐसे हार मत मान, राघव। यह बम्बई है। यहाँ हर आदमी अपना ही सहारा है। यहाँ हर

आदमी खुद को ही आसरा देता है। यहाँ दूसरों से आसरे की आस मत पाल, रघु। दुनिया की सारी उम्मीदों का सूरज आदमी खुद अपने ही अन्दर पैदा करता है। तुझे यहाँ ऐसी कोई जगह नहीं मिलेगी जहाँ से कोई आशा की रोशनी आकर तेरी जिन्दगी से दु:ख का अँधेरा छाँट दे। तू ऐसे टूट जाएगा तो मेरा क्या होगा? मेरी तो अम्मी-अब्बू कोई नहीं है, राघव। तेरे सिवा मेरा है ही कौन...!"

उस दिन अँधेरी स्टेशन के प्लेटफॉर्म नम्बर 1 पर आती-जाती भीड़ सायरा और राघव को रोते हुए देखे जा रही थी, लेकिन कोई रुककर पूछता न था कि आखिर हुआ क्या है? वह एक मजमा था, एक नाटक था जो आती लोकल ट्रेनों और उतरती-गुजरती भीड़ के बीच चल रहा था। नजरें सब की थीं, लेकिन कोई पूछता न था। गुजरते सब थे, लेकिन कोई रुकता न था। यह बम्बई थी, रुकती भी किसके लिए? यहाँ गुजर जाना और रफ्तार पकड़ लेना ही तो जिन्दगी थी।

सायरा रोती-बिलखती राघव को जैसे रोककर बैठी थी—वह बोले जा रही थी। उसके दिल में उसकी माँ अरफाना की हिम्मत आज भी धड़क रही थी और बाप जालना का प्यार आज भी साँसें ले रहा था। राघव के लिए उसकी आँखों में दुनिया का सारा प्यार उमड़ आया था। वह उसी प्यार में डूबी आँखों से, राघव को देखते हुए बोली—"राघव, इस शहर में किसी का कोई नहीं होता। कोई कितना ही पैसे वाला क्यों न हो और कोई कितना ही गरीब क्यों न हो, यह शहर केवल चलता रहता है। चन्द मिनटों में तकदीर बदलने वाले इस शहर में आदमी पटरियों पर घिसता रहता है और एक दिन कुछ बदल जाने की आस में खत्म हो जाता है। यह बम्बई है, राघव। मन से टूटने पर यह शहर और तोड़ देगा। अरे, यहाँ हमें खुद ही सूरज बनना है और खुद ही चाँद। यहाँ

सबका अपना-अपना आसमान है, सबकी अपनी-अपनी मंजिल। हम भी अपना आसमान बनाएँगे, हमारा घर होगा, हमारी जगह होगी...!"

इस तरह बैठकर रोती-बिलखती सायरा राघव को सहारा देने के लिए खड़ी हो चुकी थी—जैसे ही उसने राघव के कन्धे पर हाथ रखा, वह एक झटके-से उससे दूर हो गया और सायरा को गालियाँ देने लगा—"हरामी औरत, तूने मेरी जिन्दगी तबाह कर दी है। किस्मत खराब है मेरी जो तू मेरी जिन्दगी में आई है। देख, क्या हाल हो गया है मेरा? तू जा यहाँ से। कहीं और जाकर मुँह काला कर।"

उस दिन राघव सायरा पर चीखता जा रहा था फिर एकाएक उसने अपनी एक बैसाखी उठाई और सायरा की पीठ पर जोर के दे मारी। इससे पहले कि सायरा कुछ समझ पाती, लोग दौड़ते हुए आए और राघव को खींचकर धकेल दिया फिर उसे गालियाँ देते हुए भगाया।

आसपास वाले बोल रहे थे—"येड़ा है साला पागल, तिचा मायला।" दिमाग फिर गया है इसका, थाने में रिपोर्ट डालो इसकी। इधर, स्टेशन पर परेशान करेगा लोगों को।

ग्यारहवाँ किस्सा

प्रेम की शक्ति और विश्वास की डोर
हर दुनिया तक पहुँचती है...!

जब दुनिया प्रेम की स्मृतियों से बनी होती है
और समय आस्था में डूबा हुआ होता है
तो छूटा हुआ प्यार
लौटता है हर दुनिया को लाँघकर
और भूला हुआ विश्वास
पार कर जाता है समय का हर पड़ाव
इश्क की दुनिया हर समय से पार होती है
प्यार हर समय में होता है और हर समय प्यार में होता है
प्रेम से बाहर न समय था
न कोई दुनिया...!

मुम्बई इच्छाओं का अपहरण करती थी और उन्हें कैदी बनाकर उम्रकैद दे देती थी। यह शहर जिन्दगियाँ गिरवी रखकर लोगों को सुनहरे सपने

बाँटा करता था, फिर एक दिन लोग सपनों को पूरा करते-करते खुद एक सपना बन जाते थे और जिन्दगी मुम्बई के हिस्से आ जाती थी।

न यहाँ सपने थे न जिन्दगी। जो था, वह उगलने और निगलने के बीच कहीं था। सब कुछ के बीच थोड़ा कुछ...!

मुम्बई में सब कुछ अधर में था—बीच में लटका हुआ, कभी पूरा न होने वाला। जमीन से चन्द फुट ऊपर ट्रेनों में सफर करते लाखों लोग आधा हवा में और आधा जमीन पर ही थे। जीवन हो या काम, इस शहर में सब कुछ अधूरा ही था। यहाँ लोगों के हिस्से आधी जमीन थी और अधूरा आसमान था। काम आधा था और हासिल अधूरा था। हौसले आधे थे और सपने अधूरे। सपने आधे थे और मंजिलें अधूरी। मंजिलें आधी थीं और सफर अधूरा। नींद आधी थी और ख्वाब अधूरे। यहाँ घर आधा था और परिवार अधूरे। जीना आधा था और मरना अधूरा। थकना ज्यादा था चलना कम। चलना ज्यादा था पहुँचना बहुत कम! यहाँ कोई भी पूरा नहीं था। जो भी जितना भी था, वह आधा-आधा था, अधूरा था।

लोग यहाँ होने और नहीं होने की इच्छा के बीच बचे हुए थे। जो यहाँ थे, वे यहाँ नहीं होना चाहते थे और जो नहीं होना चाहते थे, उन्हें यहाँ होना होता था। जिन्दगी भी यहाँ आधी-अधूरी थी।

फिलहाल एक कहानी अब भी आधी थी और एक किस्सा अब भी अधूरा था। एक अरफाना आधी थी तो एक आशमा भी अधूरी थी, एक जालना आधा था तो एक सायरा भी अधूरी थी। जब एक सायरा आधी थी तो फिर एक राघव भी पूरा कहाँ था? वह भी तो अधूरा ही रह गया था...!

उस दिन के बाद सायरा राघव से दो महीने तक नहीं मिली। हाँ, एकाध बार अँधेरी स्टेशन पर दिखा भी तो सायरा दूर से ही एक उदास

चुप्पी ओढ़कर गुजर जाती और राघव एक मायूस चेहरे में छुप जाता। हालाँकि सायरा राघव से मिलना चाहती थी, लेकिन राघव सायरा से दूर ही रहता।

राघव सायरा के साथ होना भी चाहता था और नहीं भी होना चाहता था। सायरा राघव की जिन्दगी बनना चाहती थी, लेकिन हो नहीं सकती थी। एक दूरी थी और उसी में एक नजदीकी भी थी। राघव पड़ा रहता, कभी इस स्टेशन तो कभी उस स्टेशन। लेकिन 15 दिन भटककर वहीं अँधेरी में ही मिलता, ऐसे मानो किसी एक केन्द्र से खिंचा चला आता हो। वह दूर से सायरा को देखता लेकिन मिलने कभी नहीं आता। सायरा उसी अँधेरी से गुजरती। नहीं गुजरना होता तब भी गुजरती। वो वहाँ नहीं होकर भी होती क्योंकि उसे वहाँ होना होता।

दोनों की मुलाकातें आधी थीं और दूरियाँ अधूरी थीं।

राघव पहले जैसा नहीं था। वह बदल गया था, लेकिन उतना नहीं जितना वह जताता था। कहते थे, उसने खुद को बदला था क्योंकि वह बदला हुआ दिखना चाहता था। सेहत, दिमागी सन्तुलन और मनमुटाव की बातें कई बार बदलाव ही नजर आती थीं।

यह सब कितना सच था, यह तो राघव ही जानता था और कितना झूठ था, यह सायरा को ही पता था।

राघव पहले से काफी दुबला हो गया था। आँखें धँस चुकी थीं, गाल पिचक गए थे। वह अँधेरी छोड़ चुका था और दादर उसका नया ठिकाना था। अभी चार महीने पहले ही इसी दादर स्टेशन पर उसने बूट पॉलिश का धन्धा डाला था, जो अच्छा चल निकला था। वह सौ से डेढ़-दो सौ रुपये रोजाना कमाने लगा था, जिसमें उसके हिस्से केवल साठ से सत्तर आते थे क्योंकि बचे हुए पचास से सौ रुपये पुलिस वालों

को खिलाकर वह बिना लाइसेंस का धन्धा चला रहा था, मगर यह धन्धा चलाना भी बाद में बहुत कठिन साबित हुआ। कभी-कभी वह झल्ला जाता। मन करता कि जूते पॉलिश की डिब्बी निकालकर पुलिस वालों के मुँह पर पोत दे। रोता, बेचैन रहता और दारू पीता। लेकिन यह धन्धा अधूरा था क्योंकि उससे होने वाली कमाई आधी भी नहीं थी। लाइसेंस न होने से प्लेटफॉर्म पर बैठना मुश्किल हो गया था। धमाकों के बाद से पुलिस वाले हर चौथे आदमी को शक की नजर से देखते। सिक्योरिटी टाइट थी। ऐसे में कोई भी इधर-उधर ज्यादा देर खड़ा रहता तो सिविल ड्रेस में पुलिस वाले दुकान लगाना मुश्किल कर देते।

राघव की किशन से मुलाकात काम करने के दौरान हुई थी। वह उसी के पास बैठा रहता और आती-जाती सायरा को देखा करता। किशन साथ में नाश्ता-पानी करा देता, तो कभी रेलवे कैंटीन वाला साथ में खाना खिला देता। कभी कोई छोटे-मोटे काम के बदले सौ-पचास रुपए दे देता। घर उसका था नहीं और ठिकाना अँधेरी स्टेशन था। दादर में दिन गुजरता और अँधेरी जाकर रात कटती। देर रात में लम्बा समय अँधेरी स्टेशन पर गुजार देने के कारण कुछ पुलिस वाले उसे जानते थे और मुखबिरी के नाम पर जो जो पूछते, सबके बारे में वह बता देता और बदले में उसे मिलती पुलिस वालों की वह हमदर्दी, जो शायद किसी व्हाइट कॉलर रसूख वाले को पैसा देकर नहीं मिलती थी और जिसकी कीमत रघु के लिए इस अकेले शहर में कैसी थी, वही जानता था।

सायरा रोजाना दादर आती, राघव को देखती और यहाँ से गुजर जाती। कभी खुद जाकर सायरा से हालचाल पूछ लेता, लेकिन सायरा जब खुश होती तो उसे जलील करता, झिड़कियाँ देता और कई बार

गालियाँ भी देने लगता। कई बार वह रोने लगता और कई दफे अपने पैरों को देखकर झल्लाता।

सायरा उसके नजदीक जाने से बचती। सारे कैंटीन वाले, दुकान वाले, बूट पॉलिश वाले सायरा और राघव को जानते थे। सभी लोग समझाते कि इस लड़की से शादी कर ले, जिन्दगी सँवर जाएगी तो वह हँस देता। किशन तो सायरा को 'बहिनी' ही बोलता—भाभी शब्द सुनते ही राघव की आँखों में खुशी के बादल तैरने लगते और जिन्दगी खुशियों से तर-बतर हो जाती, लेकिन जैसे ही सायरा सामने आती तो उसके ये खुशी के बादल आँखों से बरस जाते और बह जाते। लोग उसे पागल समझते थे, लेकिन वह आधा पागल था क्योंकि आधा पागलपन सायरा अपने पास लिये बैठी थी।

राघव रोजाना यहीं से सायरा को जाते हुए देखता—कभी-कभी तो रोज या फिर हर तीन-चार दिन में। जब मूड में होता तो वह सायरा को ऐसे ही चिढ़ाता, कभी गालियाँ देता, तो कभी गाने गाता और फिर उसके जाते ही ठीक हो जाता। यही जिन्दगी थी। यही सफर था।

उस दिन मसखरी कुछ ज्यादा ही हो गई थी। सायरा रोते हुए यहाँ से गई थी और उस दिन के बाद से हफ्तों बीत रहे थे, वह स्टेशन पर दिखी ही नहीं थी। रघु कई दिनों से उसका इन्तजार कर रहा था। उसे लग रहा था, उस दिन उसने सायरा का दिल कुछ ज्यादा ही दुखा दिया था, लेकिन जबसे सायरा नहीं दिखी थी, उसका अपना दिल ठिकाने पर नहीं था। आज जब वह स्टेशन पर किशन के पास बैठा था तो चेहरा रुआँसा था। आँखों में एक उदासी तैर रही थी। आँखें लगातार सायरा को ढूँढ़े जा रही थीं, लेकिन हफ्तों की तरह आज भी सायरा का कोई अता-पता नहीं था।

दादर स्टेशन पर आज सामान्य दिनों की तरह चहल-पहल कम थी। आज ईद का दिन था। छुट्टी थी, इसलिए ऑफिस जाने वालों की भीड़ कम थी। सुबह के 10 बज रहे थे। भीड़ का शोर और कोलाहल कम होने के चलते कई दिनों बाद कबूतरों, कौओं का झुंड यहाँ-वहाँ तफरीह में जुटा था। रोजाना सफर करने वाले कम थे और घूमने आए टूरिस्ट अपनी फटी आँखों से दादर की चहल-पहल देख रहे थे। रोज की तुलना में खाली-खाली प्लेटफॉर्म पर हल्की-सी धूप के टुकड़े ऐसे दिखते थे मानो मनो टन भार उस प्लेटफॉर्म से हट गया हो। एनाउंसमेंट इक्का-दुक्का थे क्योंकि ट्रेनों से ज्यादा वह यात्रियों के लिए होते थे। भीड़ उतनी ही थी, जितनी किसी छुट्टी के दिन मुम्बई जैसे शहर में स्थित दादर जैसी जगह पर हो सकती थी। ईद की रौनक, सफेद कुर्ते-पाजामे में नमाजियों और इबादतगाह जाने वालों के बीच नजर आती थी। सलवार-कुर्ते में सजी लड़कियाँ, साड़ियाँ पहनकर चढ़ती औरतें, शेरवानी पहने बच्चे लोकल ट्रेनों में झुंड के झुंड थे और रिश्तेदारों के घर बधाई देने के लिए आ-जा रहे थे। किसी को मस्जिद जाना था तो किसी को ईद पर खरीदारी करने।

राघव का इन्तजार इधर-उधर घूमते हुए निकल रहा था। लोकल ट्रेनें आतीं और चली जातीं। उसे दादर तक आने वाली लोकल का इन्तजार था। वही ट्रेन जो वीटी से दादर तक चलती थी, जिसमें सायरा आती थी और कुछ देर रुककर वहाँ से 'अँधेरी स्लो' पकड़कर चली जाती थी।

ट्रेनों का आना-जाना लगा हुआ था। राघव की नजरें वीटी जा रही पटरियों की ओर गड़ी रहतीं, जहाँ से अब तक जितनी ट्रेनें आई थीं, राघव सभी को देख चुका था। उसे केवल सायरा का इन्तजार था। वह झाँकता, बेचैन होता, ट्रेनों को देखता और फिर ट्रेन गुजर जाती

तो मन मसोसकर रह जाता। 11 बजने को आए थे, उसने सायरा के आने की आस छोड़ दी थी। उसे पता था कि सायरा मच्छियाँ बेचने का बहुत-सा काम सुबह तक निपटा लेती थी और इस समय तो वह घर भी पहुँच चुकी होती थी।

राघव आखिरकार किशन के पास जाकर बैठ चुका था। तभी उसने देखा कि वेस्टर्न लाइन पर एक ट्रेन चर्चगेट के लिए आ रही थी। वह आकर रुकी और चन्द मिनट बाद गुजरने लगी, लेकिन उस गुजरती हुई स्लो ट्रेन के साथ-साथ सायरा चली आ रही थी, जिसे देखकर राघव बेचैनी से भर गया। वह आश्चर्य में था क्योंकि आज सायरा कुछ अलग लग रही थी। हाथ में कोई मच्छी का टोकरा नहीं था बल्कि एक थैला था और वह साड़ी की जगह खूबसूरत से गुलाबी सूट में थी, जबकि वह वीटी से नहीं बल्कि अँधेरी से आ रही थी।

राघव ने देखा कि सायरा धीरे-धीरे चलते हुए उसी के करीब आ रही थी और वह इससे पहले कि खड़ा हो पाता, सायरा किशन और उसके नजदीक आई और थैले से एक डिब्बा निकालकर किशन के हाथ में थमा दिया। सायरा ईद पर राघव के लिए सेंवई, सिरखुरमा और थोड़ी मिठाई लाई थी। किशन को दो छोटे प्लास्टिक के डिब्बे देने के बाद वह राघव की ओर देखे बिना मुड़ गई और सामने बेंच पर जाकर बैठ गई, बिना कुछ बोले और बिना कुछ देखे। इस तरह खामोश-सी सायरा को देखते ही राघव पहले तो सहम गया, लेकिन फिर जोर से बोला—"आ गई तू? दिल नहीं लगा मेरे बिना?" फिर उसने बैठे-बैठे ही बैसाखियाँ उठाईं और उनका सहारा लेते हुए खड़ा हुआ तो अपनी दोनों टाँगों को देखकर उसका चेहरा फिर गुस्से में लाल हो गया।

राघव जब खड़ा हुआ तो फिर चिढ़ते हुए बोला—"कहाँ गई थी

इतने दिन? कोई और मर्द मिल गया है क्या जो आना छोड़ दिया था?" राघव के इतना बोलते ही सायरा की आँखें डबडबा गईं। वह एकटक उसे देखे जा रही थी, फिर उसने आँसू पोंछने के लिए हाथ बढ़ाया ही था कि राघव का गुस्से और चिड़चिड़ाहट से भरा चेहरा मानो उदासी में डूब गया। आँखें खामोशी से भर गईं। इससे पहले कि वह सायरा से कुछ और बोलता, सायरा बेंच से भी उठ गई और वहाँ से चलकर ब्रिज के नीचे जाकर बनी एक दूसरी बेंच पर बैठ गई।

सायरा चुप थी क्योंकि वह जानती थी कि आँसू प्रेम की भाषा है और खामोशी प्यार की बोली। उसे पता था कि जब हम कुछ नहीं बोलते हैं तो सबसे ज्यादा बातें चुप्पियों में ही होती हैं।

इश्क उस दिन दादर स्टेशन पर खामोशी के रूप में पसरा हुआ था।

सायरा नीचे सिर झुकाए बैठी थी और सिसकियों में टूटी जा रही थी। ये सिसकियाँ उस अकेलेपन में डूबी थीं जो अपनी अम्मी के जाने और राघव से दूर हो जाने के बाद उसके हिस्से आई थीं। उस दिन स्टेशन पर राघव जो कुछ उसे बोल गया था, वह आज भी उसके दिल में एक अँधेरे की तरह समाया हुआ था, जिससे वह कभी बाहर नहीं निकल पाई थी—"दूसरे मर्द से चक्कर...!" यह शब्द सुनकर उसकी आत्मा रो रही थी। वह उस समय तो चुप रही थी, लेकिन उस दिन के बाद केवल और केवल रोती रही थी।

सायरा के लिए जीवन एक काटता हुआ एकान्त था और दुःख में लिपटी मायूसी थी। अँधेरा उसकी खुशियों को निगल गया था। जिन्दगी में किसी का न होना उसे सालता था और जो था उसका जाना उसकी रूह को खाली कर गया था। आज तो ईद की रौनक भी उसे चुभ रही

थी और जिस खालीपन को भरने वो यहाँ आई थी, वह उसे और दुखी और बेगाना कर रहा था।

राघव दूर से उसे देख रहा था। सायरा को देखकर चलने वाली जुबान आज चुप थी। वह धीरे-धीरे उसके नजदीक आ रहा था। उसने देखा कि सायरा अपने दोनों हाथ बाँधकर नीचे गर्दन झुकाए बैठी है। राघव चुप हो गया था। उसकी चाल में एक बेहद ढिलाई आ गई थी, कुछ ऐसी मानो रेंगता साँप कुछ देर के लिए रुक गया है।

फिर जैसे ही वह करीब आया, अचानक चिल्लाया—"जा... जा...जाती क्यों नहीं? उठ, खड़ी हो। इतने दिनों बाद कैसे याद आ गई मेरी?" सायरा फ़िर भी चुप बैठी रही। राघव के कदम अब ठिठक गए थे, क्योंकि उससे मुँह लड़ाने वाली सायरा एकदम खामोश बैठी हुई थी और राघव उस चुप्पी से सहम रहा था। उसने एक बार फिर बुझे मन से सायरा की ओर देखते हुए कहा—"ऐसी चुप क्यों बैठी है? कुछ हुआ है क्या? ऐसी भी क्या नाराजगी...?"

लेकिन सायरा अभी भी खामोश थी और उसका न बोलना राघव को बेचैन कर रहा था—इस बार वह फिर बोला—"तूने जो डिब्बे में जहर दिया है न मैं खा लूँगा, यही चाहती है न तू...!"

उसकी बातें सुनकर सायरा गर्दन झुकाए बस सिसकियाँ भर रही थी। पीछे एक लोकल आकर खड़ी हुई थी। लगातार एनाउंसमेंट हो रहे थे। 12 बजने वाले थे और धूप तेज हो रही थी जबकि चहल-पहल बढ़ रही थी। सायरा को इस तरह खामोशी से सिर झुकाए बैठा देख राघव का दिल भारी हो रहा था और चेहरे पर मायूसी तैरने लगी थी।

वह सायरा के काफी नजदीक आ चुका था।

एकाएक सायरा ने सिर उठाकर पास खड़े राघव की ओर देखा। उसकी आँखें डबडबाई थीं और उन आँखों में जैसे दुनिया का सारा प्यार उमड़ आया था। वह राघव की ओर ऐसे देख रही थी, जैसे वह चाहे तो उसे अभी एक पल में गले लगा लेगा। सायरा की वो नजरें राघव की आत्मा को छू गई थीं। चेहरा उदास था और आँखों में आँसू भर आए थे। दोनों की चुप्पियाँ आँखों से बात कर रही थीं कि तभी प्लेटफॉर्म पर सामने से एक लोकल आकर खड़ी हो रही थी जिसमें कई चढ़ रहे थे, बहुत-से लोग उतर रहे थे।

सायरा अब भी लगातार राघव को देखे जा रही थी। फिर अचानक वह खड़ी हुई और अपने आँसू पोंछते हुए सामने ट्रेन के डिब्बे में चढ़ गई। वह अन्दर एक तरफ खड़ी होकर राघव को देखने लगी। राघव केवल चुप था, उसका चेहरा रुआँसा हो गया था और आँखें डबडबाई थीं। ट्रेन का हॉर्न बज रहा था और ट्रेन चलने ही वाली थी। सायरा की आँखें भरी हुई थीं और वह एकटक अब भी राघव को ही देखे जा रही थी।

ट्रेन धीमी गति से बढ़ने लगी लेकिन तभी अचानक राघव की बैसाखियाँ हिलीं और वह तेजी उन्हें धकाता हुआ ट्रेन के साथ-साथ बढ़ा और एक झटके में डिब्बे में चढ़ गया। लोकल अचानक तेज हुई और एक झटके के साथ दादर से ओझल हो गई।